# 人生を1時間でチート化する
# 対人スキル20

神岡真司

WANI BOOKS

# 人生をチート化する!

「チート」とはどんな意味なのでしょう。

騙す、イカサマをはたらく、不正を行う――といったインターネットスラングが本来の語源です。

しかし、今日ではもっとよい意味で、逆転した使われ方も多くなっています。

「驚異的な効率」「イカサマのような巧みさ」「逆転的発想」「超人的な克服」「超絶的な思考とスキル」「ウルトラ処世術」「スーパー・エクセレント・メソッド」……などなど、ものすごく強烈なプラスの意味合いでの広がりを見せています。

人生は山あり谷あり、重い荷を背負って登る坂のようなもの……と考える真面目な方も多いのですが、しょせんは人間同士間のレース競争の社会です。

すばやく競争をかいくぐり、先頭チームに躍り出ることこそが、中盤以降を圧倒的に愉快で楽しいものにしてくれるのは間違いないことでしょう。

そしてその位置をキープするためには、コツコツと真面目一筋に頑張っているだけでは、到底足りないのです。人間心理の的を射たスキルをさっさと身に纏《まと》うことこそが重要です。


良好な人間関係をすばやく構築する圧倒的スキルを身に付けてしまえば、スイスイと要領よく、効率的に世渡りしていくことが早いうちから可能になるからです。

ぼんやりしていてはいけないのです。


人生は、早い者勝ちです。

ハウツウを身に付けた者こそが、楽してチャンスをつかめるようになるのです。

あなたも、圧倒的な「人生のチート化」を図っていきませんか。

人生のチート化は、強力な武器をもち、鎧《よろい》を身に纏うことと同義になります。

楽しく、愉快に、効率よく人生をモノにしていくことこそが、本書の目的なのです。

神岡真司

# CONTENTS

SKILL 01

# 「初対面」で 100% 好印象を得る スキル

## 初対面で「好印象」を得ることの大切さ

人生にはさまざまな「出会い」があります。そして一つの「出会い」をキッカケにして、大きなチャンスがもたらされることもあるでしょう。そうした意味でも、人との「出会い」は大切にしなければなりません。

「一期一会」という言葉があるように、「出会い」は一生に一度のつもりで全力で取り組むべきものなのです。

取引先との初対面の場や、面接の場などでは、自分がどんな印象を相手に与えられるかが気になる方は、とても多いことでしょう。

初対面の場は、「最初の第1歩だからこそ、とても重要」と誰もが考えるのはふつうのことです。できれば「好印象」を残したいと思います。

初対面の場での、わずか数秒、数十秒で、相手からは、「あなたがどんな人なのか」を判断され、しかも、相手はそのイメージを潜在意識に刻み込んでしまうからです。

潜在意識とは「無意識」のことです。自分の意識しない脳の領域で、イメージを固定化させてしまうわけです。

心理学では**「初頭効果」**と呼びますが、相手の潜在意識に刻まれたあなたの最初のイメージ像は、後々までも相手の判断や思考、行動などにさまざまな影響を与えてしまうものなのです。

なんだかちょっと生意気な感じがする相手、ところどころに横柄さを感じる人物、言葉遣いに時々押しつけがましさがある人……こうした負のイメージが瞬時に無意識に刻まれただけで、いつしか相手は知らず知らずのうちに「警戒心」をもって、こちらに接するようになるものだからです。その後の人間関係が、たとえ良好に続いているように見えても、実は相手の潜在意識では、常に最初の初対面時に与えられた「何かしらの脅威による警戒心」がはたらく状態になるわけです。

初対面時の印象が、正直で誠実そうな人、真面目で身だしなみのきちんとした相手、明るく楽しそうな雰囲気の人物……こうした好イメージがあれば、相手の潜在意識には、あなたに対しての「好意的」な判断や思考による行動をとらせやすいことになるでしょう。

簡単にいうと、人は初対面で、何らかの「脅威」を相手に感じとれば、後々までも「マイナスイメージ」となり、最初に「安心・信頼できる相手」と感じれば「プラスイメージ」になり、これが潜在意識内でも尾を引くことになるわけです。

したがって、最初の出会いで、何らかの警戒心を抱かせると、相手はなかなかあなたに心を開きにくくなっているわけです。

ひとたび、無意識のうちに、「警戒すべき相手」として刻まれると、そのイメージを後から覆すのは、なかなか大変ということにもなるのです。

## 初対面時での「好印象」を作るには?

人には**「返報性の原理」**という心のメカニズムがはたらくことが、心理学ではよく知られています。

「返報性の原理」とは、他人からモノをプレゼントされたり、好待遇を受けたりすると、何かでお返しをしなければと思う心理です。

スーパーでの試食販売では、お客に試食したことの「お返し」に商品を買ってもらおうという魂胆がはたらいているのは、よく知られています。人は誰かに親切にされたら、相手にも「お返し」をしたいと思う心理がはたらくからです。

ゆえに、初対面時に、相手に好印象を植え付けられれば、相手も「好印象」で返報したくなり、それだけ2人の人間関係は、打ち解けやすくなるともいえるのです。

では、出会った瞬時に、相手に好印象を与える面白い心理テクニックを、ここでお伝えしておきましょう。

「人たらし」といわれる人は、出会いの瞬間に次のような態度や行動が自然に現れるようになっています。

- 両方の眉を少し上げ、目を大きく見開くようにして近づく
- 唇の両端の口角は上げ、歯が見えるほどの笑顔を作る
- 両掌の内側が見えるぐらい、両手を広げながら近づく

どうですか。

たったこれだけの動作を、出会いの瞬間に意図的に行うようにするだけで、相手の人には、「お目にかかれて大変うれしい」という、あなたの気持ちがよく伝わるのです。

目を大きく見開くのも、歯を見せる笑顔も、両手を広げるのも「うれしさの表現」ゆえに、瞬時の初対面時の印象がものすごくよくなるのです。

とりわけ、両手の内側を相手に見せようとする動作は、ボディランゲージの中でも、相手に「脅威」を与えない所作として、よく知られています。

顔がイカツイ人、怖い人、神経質に見える人、愛想がよくないといわれる人などは、これらの所作を行うだけで、初対面時の印象をグーンとよくすることができるのです。

## 相手のネガティブ要素をポジティブ変換でほめる

そして、「初めまして、○○と申します。今日はお目にかかれて光栄です」といった挨拶のあとには、少し雑談を始めていくのが、親しみを増すのに効果的です。

この時の話題としては、本来ならネガティブ要素になりかねない部分をポジティブ変換してほめると非常に好印象になることも知られています。

たとえば、相手の事務所が、非常に狭いオフィスなら、「コンパクトにうまくまとまっていて、機能的なオフィスですねえ……」などとほめたり、騒々しいオフィスなら、「活気があっていい雰囲気の会社ですねえ……」などと振ってみることです。

なぜ、あえてネガティブな点に触れ、理由を挙げてポジティブ変換してほめるのかといえば、大抵の人は、当たり前のように目立ったポジティブ点を探してほめるからです。「ここは、眺めのよいオフィスで、うらやましいですねえ……」とか、相手の体についても、「背がお高くて、立派な体つきでいらっしゃいますねえ……」など、長所ばかりをほめがちだからです。

目立ったプラスの特徴をほめるのは、とても平凡な社交辞令です。ほめられ慣れている人の場合は、「またか」と思うことでしょう。これでは、相手に対して、自己確認させるだけにすぎなくなります。

ほめられて、うれしくないことはないでしょうが、ただのお世辞にもとらえられるかもしれません。印象が希薄なのです。

そこで、あえてマイナス的な要素を見つけ出し、それを逆のプラス評価に換えて伝えることで、相手の意表を突くわけです。

相手が弱みやマイナスに感じていて、ネガティブにとらえがちな部分を、逆にポジティブ評価されると、誰でもハッとさせられます。

指摘する人の洞察力にも感心し、その肯定的評価によって、自分への自己肯定感も上げられるからなのです。ゆえに印象が強まります。

このように、あらゆる物事を、マイナスからプラスに、ネガティブからポジティブに変換する表現の癖を付けておくと、こんな最初の雑談からでも、会話が弾み、ポジティブモードがはたらいていくわけです。

これこそ、「言霊《ことだま》効果」といえるものでしょう。

脳は、ポジティブな言葉を発したり、受けたりするほどに、思考も身体機能も「快」の方向へと導かれるからです。

「安っぽく見える品物」なら、「これはまたリーズナブルな感じでいいですね」、「頑固な人」を評する時には、「筋を通す人なのですね」、「ケチな人」には「節約家なのですね」、「単純なつくり」などの場合は、「すっきりとしてシンプルさがいいですね」、「太った人」には「恰幅がいいんですね、うらやましい」、「強引な人」には「統率力のある人なのですね」などと、何にでもポジティブ変換できるものです。

ネガティブ語を多く使う場面よりも、ポジティブ語を多く使うようにしたほうが、あなたの人柄には、知性や品格さえ漂うようになっていき、おのずから「好印象」を形成してくれるのです。

モノの言い方ひとつで、イメージも変わり、説明すらも上品な物言いに変わるわけです。では、どんなふうにネガティブをポジティブに変換すればよいのでしょうか。

左表にまとめてみましたので、具体的なワードの変換例を見て、変換の反射神経を養っておくとよいでしょう。

## ポジティブワードへの変換例

| | | |
|---|---|---|
| 「安物」「チープな」 | ➡ | 「リーズナブルな」「お値打ちの」 |
| 「単純」「つまらない」 | ➡ | 「素朴な」「すっきり」「シンプル」 |
| 「狭い」「小さい」「窮屈」 | ➡ | 「コンパクトな」「かわいい」 |
| 「バカらしい」「バカげた」 | ➡ | 「ユニークな」「筋違いの」 |
| 「冷酷」「非情」 | ➡ | 「ハード」「切ッ先鋭い」 |
| 「無神経」「無分別」 | ➡ | 「こだわりのない」「豪放磊落《ごうほうらいらく》」 |
| 「年寄りくさい」「老けた」 | ➡ | 「円熟した」「老成」「渋みのある」 |
| 「どんぶり勘定」 | ➡ | 「太っ腹」「鷹揚」「寛大な」 |
| 「下品」「品性がない」 | ➡ | 「粗削りな」「奔放さにあふれる」 |
| 「幼稚」「軽薄」 | ➡ | 「心が若い」「世故に長けていない」 |
| 「拙い」「未熟」 | ➡ | 「素の風味」「発展途上」「未完の大器」 |
| 「下手な」「駄作」 | ➡ | 「なかなかの作品」「味わい深い魅力」 |
| 「気弱な」「頼りない」 | ➡ | 「やさしい」「温厚」「争いを好まず」 |
| 「失敗」「ミス」「しくじり」 | ➡ | 「行き違い」「アクシデント」 |
| 「片意地な」「一徹」 | ➡ | 「こだわりのある人」「筋を通す人」 |
| 「優柔不断」 | ➡ | 「思慮深い」「熟慮を重ねる人」 |
| 「旧態依然」 | ➡ | 「伝統を重んじた」「守りの固い」 |
| 「要領を得ない」 | ➡ | 「おっとりしたところがある」 |
| 「わけのわからない」 | ➡ | 「抽象的な」「芸術味のある」 |
| 「流行にうとい」「時代遅れ」 | ➡ | 「信念を通す」「保守的な」 |
| 「行儀悪い」「無作法」 | ➡ | 「自然流」「様式にとらわれない」 |
| 「要領いい」「目端が利く」 | ➡ | 「状況判断が的確」 |
| 「感情的な」 | ➡ | 「物事に鋭敏」「起伏に富んだ表現の人」 |
| 「何にでも手を出す人」 | ➡ | 「守備範囲の広い人」 |
| 「馬鹿正直」 | ➡ | 「裏表のない」「猪突猛進の」「直線的な」 |
| 「傍若無人な」 | ➡ | 「大物の器」「やんちゃなところのある」 |
| 「平凡」「月並みな」 | ➡ | 「手堅くまとまった形」 |
| 「不味い料理」 | ➡ | 「食べなれない味」「独特の味わい」 |
| 「図々しい」 | ➡ | 「遠慮のほしいところ」 |

SKILL 02

# 誰とでも すぐに 「仲良くなれる」 人たらしスキル

## 人はどうやって「仲良く」「親しく」なっていくのか?

米国での調査で、一代で1000万ドル以上の資産を築いた成功者たちに、「あなたが成功するのに最も寄与した自分の能力は何だったと思いますか?」と尋ねたところ、最も多かったのは、「コミュニケーション能力」だったそうです。

コミュニケーションを日本語で嚙み砕いて言うと、「人と人との知覚・感情・思考の伝達や分かち合い」ということになります。相手と好意的な関係を作るのがうまい人といってもよいでしょう。

他人と好意的関係を作るのがうまければ、情報交換もスムーズで、多くのことで協力関係も築けます。

コミュニケーション能力の高い人というイメージでは、よく勘違いしやすいのが、「話のうまい人」や「自己アピール力に長けた人」といった人物像です。しかし、これだと一方通行の自己主張の強い「話し手」といったイメージになってしまいますが、これは違います。コミュニケーションとは「相互理解」に他ならないからです。

つまり、コミュニケーション能力の高い人に共通するのは、実際には「聞き上手な人」といえるのです。

自分の話したいことをペラペラ話すのではなく、相手に気分よく話させ、相手の意見を理解し、共感する能力の高い人こそが、コミュニケーション能力の高い人といえるからです。

誰でも自分の意見や話したいことを、相手がうなずきながら、よく聞いてくれると、大抵の人は気分がよくなります。ゆえに、相手に対しても好意をもつのです。

相手の話をうまく引き出し、しっかり聞いてあげることこそが、他人から好意をもたれる秘訣といってもよいでしょう。「話し上手」は「聞き上手」というゆえんです。

心理学では、**「返報性の原理」**というのが、よく知られています。

相手に好意をもつと、相手もこちらに好意をもってくれるという原理で、この場合は「好意の返報性」がはたらいていることになります。

反対に「悪意の返報性」というのもあります。相手を否定したり、嫌っていると、相手もあなたのことを嫌いになってくるのです。

こうしたことは、きっと経験したことがあるのではないでしょうか。

相手から好意をもたれるコミュニケーション能力こそ、磨かなければならないスキルといえるのです。

では、コミュニケーション能力を磨くうえで、大事な心得をここでお伝えしておきましょう。

それには、米国の心理学者ロバート・ザイアンスが提唱した、次のような**「ザイアンスの3法則」**をこそ、熟知しておくことが大切です。

「ザイアンスの3法則」は次の通りです。

**①人は、知らない人には攻撃的、批判的、冷淡に対応する**
**②人は、会えば会うほど好意をもつ（単純接触効果）**
**③人は、相手の人間的側面を知ったときにより強く好意をもつ**

①は、知らない人が相手だと、何かしら「緊張」と「脅威」を感じるゆえに、相手に対して他人行儀で親切にしてくれないものです。

②は、「単純接触効果」とも呼ばれますが、短い時間でも、何度も人と人との接触を繰り返していると、相手に対して親しみを覚える効果をいいます。

③は、「相手の人間的側面」、すなわち性格や職業キャリア、趣味などといった相手の人間性をよく知るほどに、より強い親しみを覚えるということになります。

仲良くなりたいと思う人がいたら、この「ザイアンスの法則」の②と③を効果的に発揮させていくことが大切なわけです。

まずは、好意的に頻繁に相手と接触することが大切です。長い時間ダラダラと相手と接触するより、ほんのわずかな時間でも、相手の目に留まるようにして会釈したり、会話することで、お互いが安心感をもつようになります。これが②の「単純接触効果」なのです。

冬場になると、テレビではインスタントラーメンのＣＭが頻繁に流れますが、何度も視聴者の目に商品を触れさせることで、視聴者に親しみと安心感を植え付け、店頭でその商品を見かけた時には、思わず手に取ってもらいやすくする——という仕掛けでもあるのです。これが「単純接触」の効用です。

もちろん、単純接触の過程で、一度でも相手に悪印象をもたれた場合は、この限りではありません。いったん相手に悪印象をもたれてしまうと、「単純接触効果」は逆効果になり、接触のたびに、余計に嫌われることにもなるからです。

## 相手との「共通点」を多くもつこと

**「共通項・類似性の原理」**と呼ばれる心理学のはたらきは、よく知られているところです。初対面の人と会話をしていて、一瞬にして会話が「盛り上がる」といったシーンがよくあります。

それは、相手と出身地が同じだったり、住所が近かったり、出身学校が同じ、好きなテレビ番組が同じ、苦手な食べ物が同じ、などなど相手との共通項や類似性があるほどに、瞬時にして仲良く、親しみ深くなれるというシーンです。

近年では、すっかり肩身が狭くなった喫煙者がある時、喫煙所でバッタリ会った同僚を発見し、「あ、きみもタバコ吸う人だったんだ！」などと共通項の確認で盛り上がって、仲良くなるシーンなども見受けられるでしょう。たわいないことでも、仲間意識が育まれる場面なのです。

相手との共通項や類似性が多くあるほど、お互いの人間的側面を知ることによって親近感が高まるというわけです。

反対に、互いの共通項や類似性がまったくなく、むしろ一方が好きなモノを他方が嫌っている場合は、逆効果になります。

この場合は、お互いを嫌い合い、反発し合う関係になることさえあるわけです。

いずれにしても、他人との会話において、相手の好きなものにまったく関心がないからといって、「そんなモノの、どこが面白いの？　私は好きじゃないなあ」などとは、けっして口にしてはいけないわけです。

自分に否定的な人物に対しては、共感できず、嫌悪感すらもってしまうからです。相手の話を否定する人は、相手から好意をもってもらえなくなります。

むしろ、「へー、それは面白そうですね。教えてください」などと興味津々の表情で、上手な聞き手に回ったほうが得策になる原理というわけです。

したがって、会話の時に注意すべきは、次のような逆説の接続詞を使わないようにすることでしょう。

たとえば、相手の話に対し、ひんぱんに「いや、それはね…」「でもさー」「だけどさ…」「しかしだよ…」などといった逆接の接続詞が多くあるほど、会話が盛り上がらなくなるでしょう。なぜなら、逆接の接続詞が入れば、次にくる話の内容は否定的であることが、すぐにもわかるだけに、こうした言葉は相手への否定となるのでNGというわけなのです。

つまり、会話は、キャッチボールの要領で、できるだけ相手への肯定的な受け答えになるように、「なるほどそうですか、そりゃ面白い」「それっていいですね」「ふむふむ、それはごもっとも」「おっしゃる通りですね」「それって楽しいですよね」「もっともっとその話を聞かせてくださいよ」などと、相手に同調し、共感する肯定的な相槌を繰り出すことが大事なのです。

要するに、相手の話をうまくフォローし、相手にたくさん話させるよう仕向けるのが「人たらし」といわれる人の、好意をより多く獲得する「極意」ということになるわけです。他人の言葉を肯定的に受け止めて、共感的に返すことができないと、コミュニケーションはうまく育めないのです。

ぜひ、会話する時には、こういう肯定的な相槌を打つよう心がけてください。

そして、相手と共感を深めていく、こうした習慣ができていくにしたがって、より多くの人たちから、好感をもたれるようになっていきます。

## 相手の「好きなモノ」にターゲットを絞る

世の中には、学校の先生に好かれる生徒、会社の上司に好かれる部下、こういう人たちがどこにでも存在しています。こうした生徒や部下は、たいてい相手の好きなモノや関心の高いモノをよく知っているといえるでしょう。

そうしたモノに対して、すすんで共感の姿勢を示していくことで、立場が上の人からも可愛がられる――というメカニズムがはたらくからです。

では、このメカニズムを戦略的、戦術的に使って、特定の人と仲良く、親しくなるという方法を考えてみたいものです。

たとえば、ゴルフが大好きな人にアプローチしたい時には、自分もゴルフを始めて、その人から教えを乞うてみるとよいでしょう。

ゲームが大好きな人に近づくには、その人から好きなゲーム名を教えてもらい、どんなところが楽しいのかを尋ね、自分もそのゲームにチャレンジして、以降はそのゲームのことを話題にすれば、一気に人間関係の距離も縮まるというわけです。

まずは、相手が好きなモノは何かということをターゲットに絞れば、とてもよい人間関係を構築できるのです。この方法は、非常に効果的です。

仲良くなりたい人、親しい関係を築きたい意中の人に、容易に近づけるようにもなるからです。もちろん、この方法は、同性だけでなく、異性に対しても有効な方法になります。デートで失敗しないための必須アイテムの一つでもあるからです。

ぜひ多くの人からの好意を獲得していってください。

SKILL 03

# 異性にモテるためのスキル〈基本編〉

## 異性と仲良くなるための基本スキルを知っておこう

若い時には、誰しも「異性にモテたい」という願望をもつことが多いでしょう。ところが、男性脳と女性脳の思考回路の違いもあって、なかなか相手の気持ちがわからない――といった状況も少なくないのです。

ゆえに、男性側も女性側も、相手と仲良くなる術がわからず、もどかしいと思う場面に、しばしば遭遇してしまうことがあるわけです。モテるようになりたい――というのは、男女ともに共通する願望といってよいでしょう。

これを実現するには、どうすればよいのでしょうか。

まずは、自分に自信をもつことが大事な第一歩となりますが、そのためには、次のような事例を考えてみることが重要です。「モテる・モテない」というのは、容姿の影響はほとんどない――という事実です。たとえば、世の中には、意外なことに、美男美女のカップルは、驚くほど少ないという現実があります。

女性のほうが美人でも、男性が不細工だったり、男性のほうがイケメンなのに、女性のほうは、全然パッとしない――といったケースは、ごくごく一般的だったりするからです。これは、異性のカップルいずれもが、けっして、「顔重視」で相手を選んでいるわけではない証拠といえるでしょう。

たしかに、自分の権力や地位を誇りたい男性の中には、美女をパートナーにすることにこだわるタイプもいないわけではありません。

これは、美女を傍らに置くことで、同性のライバル男性に対する牽制にもなるからです。つまり、「美女をはべらす俺ってすごいだろう」という虚栄心が満たされるからでもあります。たとえば、事業に成功した男性が、若い、とびっきりの美女を妻に迎えるというケースに対し、「トロフィーワイフ」という呼び方があるのをご存じの方もいるでしょう。経営者になって、会社の受付嬢や秘書を「顔採用」して、「どうだ、俺は成功者だぞ」という見栄を張る場合も散見されます。

男性同士は、ライバル心がはたらくゆえに、こうした自分の配下にとびっきりの美女をはべらすという動機もはたらきます。

しかし、ふつうの異性のカップルの場合、両者が「美男美女」というケースは、ぐっと少なくなります。男性も、異性のパートナーとして相手を選ぶ際には、「顔で選ぶ」という動機は少なくなるからです。

自分の強力な味方、同志的な結びつきを重視するからこそ、男性も女性も、自分のパートナーを選ぶ際には、表面的な「顔」などでなく、「中身」をこそ重視することになるわけだからです。

それに、どんなに美麗な容姿でも10年もすれば衰えます。生涯の伴侶を選ぶなら、人間性の中身こそが何より重要なのです。ゆえに、顔やスタイルに自信がないからといって、パートナー選びに、特段臆する必要はまったくないわけです。

## 親しくなるには相手との「共通点」を多くもつこと

すでにお伝えしましたが、**「共通項・類似性の原理」**と呼ばれる心理学のはたらきは、人と人とが仲良くなるための必要不可欠なツールとして、よく知られています。

これは、男女間においても同じことなのです。

初対面の人と会話をしていて、一瞬にして会話が「盛り上がる」といったシーンがあります。それは、相手と出身地が同じだったり、住んでいる地域の距離が近かったり、出身学校が同じ、好きなテレビ番組が同じ、苦手な食べ物が同じ、などなど相手と共通項や類似性が多くあるほど、瞬時に仲良く、親しみ深くなれるというシーンであるわけです。

ゆえにコミュニケーション能力に磨きをかけるうえでも、相手の好きなモノ、興味のあるモノに「そうだね」「わかるわかる」「僕もそう思う」など、相槌にも工夫して、「同調や共感」を示していくことが何より重要ということがわかります。

## 「男脳」と「女脳」の違いを理解する

一般的に、人が人に対して好意を抱くのは、上述のようなアプローチが不可欠ですが、「異性」と仲良くなっていくためのアプローチにおいては、はじめに「男脳」と「女脳」

の違いを理解しておくことも大事でしょう。異性との関係性においては、同性の場合とは、かなり「思考パターン」が異なるため、齟齬《そご》が生じやすいことが多いからです。

なぜかというと、男性と女性の思考パターンに違いが生ずるのは、人間の脳の機能性に理由があるとされるからです。

人間の脳には、「右脳」と「左脳」があり、「右脳」は感覚的、空間的捉え方を得意とする脳であり、「左脳」は、言語的、数学的、論理的捉え方を得意としています。

この「右脳」と「左脳」の間は、「脳梁《のうりょう》」という神経線維の束で結ばれています。

実は、この「脳梁」が女性の場合は太く、男性の場合は細いのです。

そのため、会話の時には、男性よりも女性のほうが、「右脳」と「左脳」の両方をバランスよく使い、男性は「左脳」のはたらきが中心になりやすい——といわれるのです。

これが、男性の思考が論理的になりやすく、女性の思考は感覚的、情緒的になりやすい——と指摘されるゆえんです。

女性同士の会話を傍らで聴いていると、感覚的で情緒的であり、お互いの共感が重視されていることが、とてもよく窺えます。

「これって、かわいいー」「ほんと、かわいいー」「これもいいかも」「ホントそうねーかわいいー」といった感じで、どこがどうなのかといった具体性も脈絡もないのに、ひたすらフィーリングで共感し合う場面がよく見受けられるでしょう。

いっぽうで、男性同士の会話では、論理思考が中心になるため、「何でそうなの?」「どうして?」「それで結果はどうだった?」などと、原因や結果を分析する会話傾向が強いといえるのです。こうした違いは、次のような女性同士、男性同士の会話にも、よく表れているものです。

女性A「今日は疲れたなー、早く帰ってお風呂に入りたいわ」
女性B「ホント、あたしも今日は気疲れしたわ。肩凝ったもん」

VS

男性A「あのくだらない会議で疲れたよ、ビール飲みてぇな」
男性B「まったく、部長の話長かったからな。中身がなくてさ」

このように、女性は情緒的ですが、男性は「疲れた」ということの具体的な原因や理由といった理屈にこだわった受け答えをしていることがわかるでしょう。

この場合、女性は感覚的な表現を選びがちですが、男性はその原因や理由といった理屈が入ってきやすいのです。

## 男性は「論理や理屈重視」で女性は「共感重視」

そのため、同性同士とは異なる男女における会話では、次のような心理的ギャップや「齟齬」が生じがちなのです。

**女性**「あー、今日は疲れたわー。いやになっちゃう」
**男性**「疲れたの？　またあれかい？　会議が長引いたの？」
**女性**「まあそうね、会議も長かったし、仕事もイマイチだし」
**男性**「会議が無駄に長いのは、時間を決めてないからだよ」

**女性**「そんなのわかるけど、言えないわ、あたしの立場じゃ」
**男性**「それじゃいつも堂々巡りだろ。誰かが提案すべきだよ」
**女性**「いろいろあるのよ、そんな単純に解決しないわよ」
**男性**「それじゃあ、無駄な会議で疲れるのも仕方ないよな」
**女性**「うるさいな、私の職場のことなのよ、放っといてよ（怒）」

このように、理屈を説く男性は、女性にウザがられます。女性は特段、疲れたことの解決策など求めていないからです。そんな原因は百も承知だからです。

女性が「あー、今日は疲れたわー」というのは、それに対する共感が欲しいだけで、特別な解決策が欲しいわけではなかったからです。

男性は、女性から「疲れたわー」と振られたら、「そうかー、今日は大変だったんだねー」などと軽くフォローすればよいのです。

こんな男女の何気ない会話でさえ、男性の思考がメインに押し出されると、男女の会話が中断してしまいがちです。

こうならないためには、男性は女性の共感思考にもっと近づきフォローする習慣が重要でしょう。

一方で、女性のほうも男性の思考パターンを理解してあげるべきです。男性は、女性に対し親切のつもりで、会議を短くするための提案をしたかっただけだからです。

男性の提案には、「ありがとう、心配してくれて」と一言謝意を示し、「大丈夫だから……」と会話を流せばよかっただけなのです。

そうすれば、会話がぶつかることもなくなるのです。

男性は、女性の前では、頼りがいのある自分を演出したい習性があります。上から目線で、意見や解決策などを提示したくなるのは、そういう男脳の癖だからなのです。

女性が「これってかわいいわー」などと、何かに反応した時には、間違っても男性は「これのどこが、かわいいの?」などと論理的追及をしてはいけないわけです。

男性は、女性とともに「ほんとだ、かわいいねー」などと共感のセリフが、自然に出てくるよう心がけていなければいけません。

これが、異性にモテるための男女の会話の要諦でもあるわけです。

SKILL 04

# 異性にモテるためのスキル〈応用編〉

## 男性も女性も異性の相手が喜ぶフレーズを学んでおこう

すでに男女が仲良くなるための基本的な要諦については解説しましたが、ここでは、さらに具体的に踏み込んだ、男女の会話における実践的な「モテる」フレーズを紹介していきたいと思います。

前項でお伝えしましたが、人間の男女も、動物のオス・メスの関係と同じく、男性は意中の女性に対して、自分がいかに強く、たくましく、頼りになる存在であるかをアピールしたいと思っています。

一方、女性のほうは、自分に近づいてくる男性が、自分をどれだけ大切に扱ってくれる存在であるかを重視し、男性のアプローチに対して選別眼をはたらかせるようになっています。男性と女性の思考傾向に違いがあることは、前項の「男脳と女脳の違い」で解説しましたが、そのせいもあって、男性も女性もそれぞれの相手に対して、アプローチの仕方において、勘違いする傾向が多々あります。

## オラオラ系男性は嫌われる

たとえば、男性は女性に対して、「たくましい」「野性味」「力強さ」といった面を強調することが、自分の男らしさを象徴することだと思い込んでいる人が多いものです。

それが、時として女性に対して支配的な態度となる「オラオラ系」の野蛮的言動につながったりするわけです。

ただし、こうした態度や行動は、女性にとっては概ね逆効果です。

その証拠に、キャバクラ嬢のアンケート調査などを見ると、男性客の傾向に見られがちなタイプとして、若いころは「不良だった」「やんちゃだった」「ケンカに明け暮れていた」「暴走族だった」などといった幼稚な武勇伝を語りたがる――という傾向にも現れているからです。男性は「昔はやんちゃだった」と語ることで、自分のたくましさをアピールしている気になりがちということです。実際には、こんなやんちゃ自慢を聞かされても、女性はこの男性を「たくましい、素敵」などと思ったりはしないのです。

むしろ、こういう幼稚なタイプは、付き合い始めると、単細胞ゆえに女性を乱暴に扱う「オラオラ系」になりかねない危険なタイプと分類されてしまいます。

女性が男性のタイプとして望むのは「優しさ」「清潔感」「ジェントルマン」などでしかありません。自分を特別に大切に尊重してくれる男性こそが、女性にとっての理想だからです。続いて望まれるのが、「知性」や「経済力」なのは、いうまでもありません。

キャバクラ嬢曰く、昔のやんちゃ自慢の男性に対しては、「すごーい」「カッコいい」「頼もしい」といった相槌をしてあげると、とりわけ喜ぶそうです。

幼稚な男性の場合、完全にキャバクラ嬢に手玉に取られているわけです。

男性が女性に自分をアピールしたい時、忘れてはいけないのは、「オラオラ系」の乱暴さはかえって嫌われる——ということです。

## 笑顔を振りまく女性が、男性に一番モテる

さて、男性側から見て、モテる女性はどんなタイプでしょうか。

これは意外にも単純です。

男性に対して、常に笑顔で接してくれる女性が、男性からは一番モテるからです。

職場や学校のクラスで、最もモテている女性を思い浮かべてみてください。

ニコニコとスマイルで男性に接してくれる女性が一番男性に人気があることが容易に窺えるでしょう。なぜでしょうか。

各種の心理実験でも明らかになっていることですが、男性は図々しいことに、笑顔で自分に接してくれる女性は、自分に対して好意がある——と思い込んでしまう傾向が強いからなのでした。ホントに、そういう意味では男性は単純でオメデタイのです。

自分に好意をもってくれる女性は、自分にとって非常にうれしい存在です。

ゆえに、「好意の返報性」がたちまちはたらいて、男性は女性の笑顔にコロリとやられてしまうのでした。すなわち、意中の男性をモノにしたい女性は、その男性にとびっきりの笑顔で接することをお勧めしたいのです。

ところで、反対に男性が女性に対して始終笑顔で接する場合は、女性も男性同様に、単純に「好意の返報性」をはたらかせてくれるのでしょうか。

実はこの場合、女性は男性ほど単純ではありません。

なぜなら、女性は、自分にアプローチしてくる男性に対して、つねに「警戒心」がはたらくようになっているからです。ゆえに、女性は、笑顔で男性から接してもらって、うれしくないことはないものの、男性が女性から笑顔でアプローチされる時とは異なり、ほとんど影響されないのです。

## 女性は男性に対してエレガントなイメージを示そう

ところで、世の中には、「男勝り」の気性で、サバサバとした態度の女性も存在します。もちろん、それが悪いとは、けっして言えませんが、実は男性が女性に求める深層心理のイメージでは、女性はエレガントに振る舞い、優しい言葉で接してくれる存在を求めています。ゆえにこういう女性は、実際非常にモテるのです。

男性は、プライドの高い生き物ゆえに、女性から、ぞんざいに扱われたり、命令形の言葉で話されたりするのを嫌います。自分を女性よりも格上と思っているからです。

ゆえに、意中の男性をモノにしたい女性は、その男性の前では、優しくエレガントに振る舞ってあげればよいわけです。

女性のほうが男性よりも、役職や立場が上の場合でも、会話は命令形でなく、何かを頼む場合でも、疑問形で「○○してくださる?」とか、「お願いできないかしら?」などと、男性に一目置いた形での、頼りにしている姿勢をアピールしたほうがよいのです。

女性が男性をコントロールするうえで、この要諦を知っておくと、とても役立つはずです。

## 男女を喜ばせるセリフに通じておこう

では、この項目のまとめとして、男性や女性を喜ばせるキーワードのセリフについてもお伝えしておきましょう。まずは、女性が男性に対して使うことで、男性を喜ばせるセリフから紹介しておきます。

「頼りになるわ」「優しいのね」「すごーい!」「チカラが強いんですね」「才能あります

ね」「運転上手なんですね」「難しいお仕事をされてるんですね」「物知りなんですねえ」「女心を知ってるのね」「安心感があるわ」「頼もしい」「素敵！」「うれしいな」「こんなの初めてです」「情熱家ですね」「筋肉が硬い」「博識ですね」「それを成功させたんですね」……などです。

これらの言葉を女性から振られただけで、男性はいとも簡単に舞い上がりがちだからです。逆にいえば、男性を幻滅させるセリフは、こうした言葉とは正反対なセリフになります。

たとえば、「女々しいわね」「弱虫」「度胸がない」「決断力がない」……などなど、男性の「**承認欲求**（ほめられたい・認められたいという願望）」を打ち砕くのに使えば、男性の心を簡単に萎《な》えさせることもできるわけです。

一般的に男性は、論理的思考であり、物事の結果や成果にこだわります。ゆえに、女性は喜ばせたい男性に、何らかの「成果」「結果」「実績」「仕上がり」などの事物に付随させて、こうしたセリフを振ってあげるとよいわけです。

では、女性が喜ぶ男性からのセリフには、どんなものがあるのでしょうか。

女性は、男性の「論理的思考」重視と違って、「共感思考」が最も重要視されます。つまり、物事の結果や成果よりも、全体的なその「プロセス」にこそ、重点を置いた言葉でフォローしてあげることが大事なのです。

たとえば、次のようなセリフになります。

「センスがいいね」「君のフォローのおかげだね」「助かるよ」「アイデアがいいね」「気が利くねぇ！」「アドバイスありがとう」「なるほど君の感度はさえてるね」「知性が感じられるね」「きめ細かいんだな」「よく気が付いてくれたね」「教え方がわかりやすい」「優しいな」「素敵な感性だなあ」

男性は、もともと他人をほめるのが上手ではありません。

ゆえに、女性に接した時にも「きみって、かわいいね」「きれいだね」「美人だね」「ファッションがいいね」などと、ベタな言い方で評価することが多くなります。

それが悪いとは言えませんが、いつもほめられ慣れている女性の場合は、「またか」

という自己確認の繰り返しにすぎず、心に響きにくいことも少なくないでしょう。

そんな時にこそ、その女性の表面的な部分でなく、その女性のプロセスに係る部分や、内面に起因する事柄にこそ、ターゲットを絞って言及することでその女性のハートをくすぐることができるわけです。

いかがでしょうか。

異性にモテるためのポイントにお気づきいただけたでしょうか。

男女は、それぞれに、感性も思考パターンも異なります。自分と同性のつもりの感覚で、相手の異性をとらえるのでなく、それぞれに異なるアプローチの手法を心がけるだけで、あなたの「モテ度」もみるみる変わっていきます。

ぜひ、このことを覚えていただきたいのです。

SKILL 05

# 異性にモテるためのスキル〈確変編〉

## 異性との交際を長続きさせる秘訣とは?

「男女の交際を長く続ける方法」には、大いに興味がある——という方は多いでしょう。好みのタイプの異性と出会ったら、その人に近づいて、できればカップルにまでなりたい——という願望がはたらきます。そしてそれを長続きさせたいとも思います。

しかし、うまい具合にアプローチに成功し、交際がスタートしたとしても、アプローチした側が、うかつに舞い上がらないことも大事です。たとえば、何度かアタックして、相手がようやくOKしてくれた場合など、「惚れた弱み」で、相手のわがままを何でも受け入れてしまいがちになりそうですが、こういう態度は禁物なのです。

心理学では**「最小関心の原理」**という心のはたらきが知られています。

つまり、相手に熱中して好きな側は、相手に「最大の関心」を抱きがちという状態になります。

しかし、熱心にアタックを繰り返され、しぶしぶ交際に同意した相手側は、あなたに対して「最小の関心」しか抱いていないケースが少なくないはずでしょう。

この状態では、「最小の関心」しか抱いていないほうが、「最大の関心」を抱いている側（強く惚れている側）のほうに対して、主導権を握っている状態といってもよいわけです。

つまり、この場合、片方が「君はかわいいね」「君は素敵だね」「愛してるからね」などと、絶賛して猛アピールをしているつもりでも、相手の心は意外にもそれほど積極的に動かないからです。

ゆえに、どんなに熱心に「愛情」を説き、自分に相手の心を惹きつけようと苦心しても、意外と簡単に相手から振られてしまう——といったことも起こるわけです。

なぜでしょうか。

憧れの異性と交際ができて、うれしくて仕方ない——といった状態の人は、そのことで相手には、「最小関心の原理」をはたらかせやすい——ということを覚えておきましょう。相手を崇《あが》めたててほめ、やたら自分の愛情をぶつけるのは、相手からウザがられる方向へと歩んでいるからです。相手は、いつのまにか自分の優位性を感じます。

要するに、適度な心の距離感を相手に対して保つことが、交際を長続きさせるうえでは、とても重要なことなのです。

これは、ステージで客席からキャアキャア言われるアイドルの心理とも通じています。アイドルも最初のうちは謙虚な心境ですが、だんだん人気が出て、スター級になり、キャアキャア言われることが当たり前になると、だんだんファンなんかテキトーに扱っていればよい――などと、傲慢《ごうまん》な心理に冒されやすいのです。

ゆえに、交際をスタートさせたなら、相手とは対等な関係を保つようにしなければ、相手からの自分への関心が、どんどん低くなっていくことを知っておいてください。

そして、もうひとつ覚えておきたいのは、デートコースやデートのパターンがいつも似通っていると、こうしたカップルもだんだん飽きがきてしまいます。

デートの中身や食事などは、いつも同じではいけないわけです。

いつも同じだと、新鮮味がなくなり、相手への関心も低くなりがちだからです。

適度な距離感、相手と会う頻度にも工夫して、交際の楽しみをつねに高める工夫が大事なのです。

漫然とデートしていてはいけないわけです。

メリハリをつけることを心がけましょう。

カップルになった人同士でありがちなのは、毎日スマホでメールを送り合ったり、電話で声を交わすといったルーティンがあることです。

これも、しょっちゅう行っているのは考えものです。だんだん、どちらかがマンネリを覚えるからです。間隔を空けたり、やり方をいろいろな方法に変えてみることです。

## 遠距離恋愛は失敗しやすい

ところで、交際の途中で、カップルの一方が仕事に多忙で相手となかなか会えないとか、転勤で物理的距離が離れてしまい、思うように相手とデートできなくなる——といったこともあるでしょう。

こういう場合、心理学ではたいてい破局に至ることが知られています。

**「ボッサードの法則」**と言いますが、未婚のカップルが遠距離恋愛に陥った場合の行動を、膨大な数のデータで追いかけた心理学者ボッサードがたどり着いた結論だからです。

たとえば、２人の遠距離の中間地点でのデートを重ねるなど、お互いの負担を軽減すべく交際を続けていった場合でも、結論は同じで、２人の関係はやがて消滅してしまいます。

これは、遠方同士の距離感による疎外感よりも、身近な周辺環境の刺激のほうが、相手への関心よりも勝ってしまうからに他なりません。

遠距離恋愛に陥ってしまったカップルは、なかなか恋愛を成就させることが難しいことを知っておきましょう。

交際を長続きさせるには、それなりの工夫や努力がお互いに必要になる——ということなのです。

SKILL 06

# 「苦手な人から自分を守る」鉄壁防御のスキル〈基礎編〉

あなたには、職場や学校で、意地悪な仕打ちをしてくる苦手な相手はいませんか？

そんな存在の人物はいない――と断言できる人は幸せです。

しかし、この世の中では、いつもあなたの味方になってくれる優しい親切な人ばかりとは限らないことが多いでしょう。

あなたを目障りな存在、気に食わない人物として「敵視」し、執拗にあなたの足を引っ張り、隙《すき》あらば、あなたを蹴落として苦しめたい――という願望をもった人物が出てきてしまうのも世の常といってよいのです。

なぜ、あなたを嫌い、攻撃してくる人物が出現してくるのか――このへんを今一度、冷静に、客観的に分析し、どう対処すべきかをしっかり考えておくことも重要でしょう。

## なぜ、あなたは敵視され、攻撃されるようになったのか？

ところで、人が人を嫌いになるパターンには、次のような7つほどの感情に、その理由や原因が隠されているものです。

●**軽蔑**………あなたの行動や話し方、服装、態度、マナーなどに下品な要素を見出したりして、生理的嫌悪感を覚えた時

●**嫉妬**………あなたの性格や能力を自分と同等か、それ以下と見下していたのに、周囲の評価が自分より高く、あなたが好待遇されているように見えた時

●**裏切り**……あなたが自分の期待に応えてくれないと思えた時や、自分への約束を守ってくれないことがあった時

●**軽視**………あなたから自分を軽く扱われていると思えた時

●**否定**………あなたから自分の存在を否定されたり、排除されるような扱いを受けたと感じた時

●**投影**………自分が嫌っていることやタブー視して禁じたり、封印している事柄を、あなたの言動の中にあからさまに見出した時。たとえば、あなたが見栄を張る、ケチ臭い行動をとるなどで、自分の心がかき乱された時

●**差別**………自分の属性や家庭環境、組織、仲間、宗教、人種など、自分と異なる部分に違和感を覚え、排除したい欲求に駆られた時

大体、こんなところなのです。人は自分のもつ**承認欲求（認められたい、ほめられたいという本能的願望）**が否定されたと感じた時に、「疎外された」「否定的な扱いを受けた」といった感情に突き動かされます。

つまり、あなたの何気ない言葉であっても、相手は潜在意識であなたを脅威に感じ、勝手に嫌いになってくることも十分あるのです。

たとえば、あなたが、「家の中で犬とかの動物を飼うのは、不潔な感じがして、私は嫌だな」などと一言発したセリフでも、人によっては、「何だとコイツ、俺が部屋でペットを飼っているのを、不衛生だってバカにしやがったな」と思う人もいるわけです。

また、あなたが、「毎月、住宅ローンの支払いがきついな……」などとぼやいただけなのに、「何だとコイツ、マイホームをもっていることを暗に自慢しやがって、借家住まいの俺を見下してやがる」などと内心腹を立てる相手も存在するわけです。

これはもう、どれだけ自分の言動に注意を払っていようとも、防ぎようのない事態でもあるでしょう。つまり、否定しているつもりがなくても、人は勝手に「否定された」と決めつけるからです。

要するに相手は、勝手に自分の動物的本能をはたらかせ、あなたを味方ではない「異物」と感じ、「敵」という存在に無意識に認識してしまうのです。

このように厄介なのが人間関係なのです。

あなたのことを、何らかの「脅威」と感じただけで、あなたへの警戒心は高まります。そしてだんだん、あなたの言動や存在そのものが許せなくなってくるのです。

これが「嫌い」という感情のメカニズムです。

## あなたへの「攻撃の仕方」はさまざまな形で現れる

ところで、「あいつが嫌いだ」「いやな奴だ」と、あなたを認識するようになった相手の、あなたに対して「攻撃」してくるパターンはさまざまです。

「無視する」「嫌味を言う」「陰口を叩く」「乱暴に接してくる」「罵倒してくる」「からかう」「嘲笑する」など、それこそいろいろあるでしょう。相手とあなたとの関係性、あなたと相手との立場の違いなどによっても、相手が嫌うあなたへの「攻撃の仕方」は異なるのです。心理学では前述した**「返報性の原理」**がよく知られています。相手に好意的で親切であれば、相手からも好意的な反応が返ってくるという理屈です。相手があなたを嫌っていれば、あなたも相手を嫌う「悪意の返報性」がはたらきます。そうなると、顔を見るだけで、イヤになります。虫唾が走ります。

しかし、ここであなたも、嫌ってくる相手への「悪意の返報性」をはたらかせてしまうのは安易です。それでは、ずっと人間関係の泥沼が続いてしまうからです。

## アサーティブな対処法を身に付けよう

あなたを嫌う相手が、「何らかの攻撃」を仕掛けてきた時に、対処法で一番大事なのは、**「アサーティブな対応」**です。人は、他人からの「何らかの攻撃」を受けた際に、相手との上下関係や、力関係で次のような対応をしがちです。

### ●パッシブな対応（受動的・消極的・従属的）

照れ笑いする。縮み上がる。媚びる。黙り込む。泣く。謝る……などなど

●**アグレッシブな対応（能動的・積極的・攻撃的）**

言い返す。罵倒する。睨み返す。嘲笑う。掴みかかる……などなど

これらパッシブとアグレッシブのいずれの対応も、クレバーではありません。

心理学で「**ペーシング（同調行動）**」と呼ばれる行動に他ならないからです。

「ペーシング」とは、相手のペースに合わせることを指しています。

たとえば、パワハラ上司に怒鳴られて、縮み上がって震えているのは、パッシブそのもので、相手の暴力的な態度に迎合しています。これも「ペーシング」です。

また、罵倒してくる相手に、怒鳴り返して応戦するのも、相手の挑発にアグレッシブに応じています。これも「ペーシング」なのです。

いずれのペーシングも、問題の根本的解決が図れず、そのまま相手のペースを続かせて、かえってエスカレートさせかねない行動なのです。

そこで覚えておきたいのが、「パッシブな対応」でもなければ、「アグレッシブな対応」

でもない、第3の対応法としての**「アサーティブな対応」**になります。

アサーティブの意味は、「対等な関係における自己主張」です。

相手よりも優位に立ったり、劣位に立つのではなく、感情を波立てることなく、冷静に合理的に、落ち着いて、対等な立場で、自分の気持ちを率直に吐露し、相手に気づきをもたらす態度なのです。これが、攻撃を中断させる効果をもたらします。

つまり、相手に怯えながら、パッシブな態度で「やめてくださいよー」などと哀願したり、アグレッシブに「何だよ、お前のその口の利き方は！」などとやり返すことなく、淡々と目前の異常な事実を指摘して、相手を牽制し、相手に気づきを与えることがアサーティブな対応の主眼になります。

たとえば、以下のような淡々とした冷静沈着な対応になります。

- 「なぜ、そう思われるのですか？　理由をご説明ください」
- 「その言い方は嫌なので、今度からはやめてください」
- 「そんな大きな声で言わないでください。冷静にどうぞ」

● 「そんな言い方をされるのは心外なので、ご理解ください」
● 「落ち着いてください。ちゃんと最後までお話を伺いますから」
● 「職場で罵倒は困ります。普通にお話し願います」

いかがですか。パッシブ対応やアグレッシブ対応との違いがおわかりでしょうか。感情を交えることなく、理性的で合理的な態度で、冷静に話していることが窺えるでしょう。一見、冷たくロボットのように無機質に淡々とゆっくり話すのが、アサーティブになるのです。相手に対して、受け身でもなければ、攻撃的でもない、落ち着いた態度で、相手の嫌な言動を静かに指摘しています。

この時、特に効果的なのは「なぜ、そんな言い方になるのでしょうか?」などと、「なぜ?」「どうして?」といった疑問形のフレーズを使うことです。

人は、「なぜ?」「どうしてですか?」と瞬時に質問を返されると、「うっ……」とたちまち答えに窮するからです。無意識の脳の反射で、質問された時には答えなければ、という反応を導きだすため、たちまち絶句しがちになるのです。

これが、興奮したり、逆上したり、嫌味を言ってくる相手への強力な牽制作用となるゆえんです。「なぜ、いきなり怒鳴るのでしょうか?」と逆に質問されると、相手は自分の異常な行動を指摘され、一瞬ハッとさせられるでしょう。

目前の異常な現況への牽制球《けんせいきゅう》となるからです。

本来人が行うべき常識的態度ではないため、バツの悪い思いも抱かされます。

これが、イヤな相手から罵倒や軽蔑的なことを言われた時の「アサーティブな対応」ということなのです。

たとえば、タチの悪い酔漢に絡まれた時の交番の警察官の対応を見たことはないでしょうか。酔漢の挑発に乗ることなく、ただし油断することなく、相手に冷静に向かう態度なのです。警察官は、こういう場面に慣れていますから、過剰な反応を見せることが、相手の思う壺になることを心得ています。こうしたアサーティブな対応を巧みに行うことが大事なのです。ぜひ、そうした対応のコツを参考にしていただければと思います。

SKILL 07

# 「苦手な人から自分を守る」鉄壁防御のスキル〈応用編〉

## ありがちな2通りの対応

大抵の人は、罵声を浴びせられたり、嫌味を言われたりといった何らかの攻撃を受けた際、**「パッシブな対応（受動的・消極的・従属的）」**か、**「アグレッシブな対応（能動的・積極的・攻撃的）」**の2通りの対応をしがちです。それは、瞬時に「緊張状態」に置かれるためにそうなるからです。たとえば、次のようなケースです。

**●パッシブ（受動的・消極的・従属的）対応の会話例**

A「おい、バカじゃないのか、お前！ 俺をなめてんのか！」

B「す、すみません（汗）。あのっ、あのっ、ごめんなさい…」

A「お前みたいなバカを見てると、こっちまで気分悪いわ！」

B「あの、す、すぐに改めますので、えっとあの、あの…（汗）」

いきなりの罵倒におろおろするばかりで、相手のペースに合わせる「ペーシング」を行っているため、攻撃はやみません。次の会話はどうでしょう。

**●アグレッシブ（能動的・積極的・攻撃的）対応の会話例**

**A**「おい、バカじゃないのか、お前！　俺をなめてんのか！」
**B**「ん？　何だお前、偉そうな口利いてんじゃねえよ！」
**A**「お前みたいなバカを見てると、こっちまで気分悪いわ！」
**B**「じゃ、お前のほうが消えろよ！　お前の存在が目障りだ！」
**A**「何だと！　お前こそ消えろよ！　ふざけんなバカ！」

おわかりでしょうか。今度は相手の挑発的言動に対して、激しく応戦しています。これまた相手のペースに合わせるペーシングゆえに、こうした攻撃的なやり取りが続いてしまいます。これでは、いつまでたっても「堂々巡り」です。

相手から、何らかの「攻撃」を受けた時には、単純に相手のペースに乗って、「ペー

**シング（同調行動）」**してはいけないのです。

適度な**「ディスペーシング（反同調行動）」**によって、相手の不適切な言動へ目を向けさせ、バツの悪い思いをさせるように仕向けなければ始まらないからです。

適度な「ディスペーシング」を行うことこそが**「アサーティブ（対等・中立・冷静・無感情）な対応」**といえます。感情的に反撃することなく、相手の不適切言動のみに焦点を絞って、**「現況の指摘」**を行うものだからです。

例示したパッシブとアグレッシブの対応の会話例は、「アサーティブ対応」に変換すると次のようになるのです。

**●アサーティブ（対等・中立・冷静・無感情）対応の会話例**

A「おい、バカじゃないのか、お前！　俺をなめてんのか！」

B「ちょっと待ってください。ここは職場です。バカという発言は不適切ですよ（冷静）」

A「何ィ！　お前みたいなバカを見てると、こっちまで気分悪いわ！」

**B**「どうして、そんな言い方をするのですか？　失礼じゃないですか（冷静）」
**A**「うっ……。な、何だお前……ま、ええわ…（トーンダウン）」

違いがおわかりでしょうか。アサーティブとは、「対等な関係における自己主張」という意味です。相手に忍従したり、反発して攻撃していくなどの対応でなく、極めて冷静な大人の対応であることが窺えるでしょう。

相手に「ペーシング」しないので、相手は機先を制せられ、こちらの冷静沈着で、無機質で堂々とした、中立的で無感情な態度に、相手のほうがこちらのペースに合わせる「ペーシング」をせざるを得なくなるのです。

攻撃を受けても、相手の挑発に乗らないのが「アサーティブ対応」です。

## 「交感神経」と「副交感神経」とは？

動物の自律神経系には、「**交感神経**」と「**副交感神経**」の2通りが備わっている――

というのは、ご存じの方も多いでしょう。

これは、本能行動の反応です。たとえば、「交感神経」は、動物が敵や獲物を見つけた時の反応と同じなのです。遭遇した相手の動物が、自分を捕食する相手であれば、たちまち自分の身を隠そうとするでしょう。命の危険に晒されているからです。

逆に相手がこちらの捕食対象なら、緊張しながら逃げられないよう近づこうとします。こんな「緊張の場面」に遭遇すると、動物は筋肉を硬直させます。

イザという場面ですから、すばやく次の行動に移れるように準備しているわけです。全身は緊張し、心臓の拍動が増し、呼吸は短く、血流の増加によって体は汗ばんでいくでしょう。これが「交感神経」を刺激された時の動物の反応です。

獲物を見つけた時の「緊張の場面」でも同じです。相手に逃げられないよう、いつでも飛び掛かって仕留める体勢をとるからです。

一方で、リラックスしている時には「副交感神経」が優位になっています。脳はくつろぎ、呼吸はゆっくりで、全身の筋肉も緩んでいます。つまり、「緊張」とは真逆の身体反応といえるのです。こんな状態の時は、頭も冷静です。落ち着いた心で、物事も客観的に判断できます。どんな場面でも、こうした状態をできるだけ早く取り戻し、何らかの「攻撃」をしてきた相手と冷静に対峙しなければなりません。

これこそが、人間だからこそできる**「アサーティブ対応」**の肝なのです。

相手からの「攻撃」に対して、怯えたり、腹を立てたりしないことが、「アサーティブ対応」にとって重要なアイテムであることが理解できるでしょう。

## 相手の言動を、冷静なこちらの態度にペーシングさせる

前述した通り、敵と遭遇した動物は、瞬時にして「緊張状態」に陥ります。人も同じなのです。罵声を浴びせられたり、嫌味なことを言われただけで、「交感神経」が刺激されるからです。

「交感神経」が刺激された状態は、人間にとっても動物にとっても「不快な状態」に置かれます。自分では、興奮してガンガンやってやろう、ノリノリで行こう——などと、「交感神経」を刺激して、張り切っている状態の時でも、その底流には「緊張状態」が

あるため、言動に冷静さを欠きがちになるのです。これでは、冷静、中立的、無感情なアサーティブ対応には至りません。相手に対して冷静に言葉を返し、相手のペースをこそ、こちらに合わさせる「ページング」に導き、制御していかなければならないからです。相手の勢いに負けて、忍従したり、反発したりで、相手にページングしてしまうのでなく、こちらの冷静な態度にこそ相手をページングさせ、「攻撃」を中止させなければならないからです。

こうした場面で、自分の「緊張状態」「興奮状態」をたちまち解消する方法があれば、正攻法の「アサーティブ対応」がよりうまくできるようになるでしょう。

その方法についてご紹介しましょう。

## 自分の全身への体感コントロールで「副交感神経」を優位にする

とりわけ、相手と会話中に、すぐに頭にきてしまう短気な人や、すぐに相手にビビッて服従的になってしまう人は、ぜひこの方法を覚えておいて、アサーティブ対応が瞬時に行えるようになることが望まれるのです。

相手の罵声や嫌味な言葉を受けて、すぐに怯えたり、反発し攻撃してしまう人の原因は、心と体が瞬時に「緊張状態」に置かれ、うろたえてしまうからに他なりません。

次のように「緊張状態」「興奮状態」を瞬時に解きほぐす方法を試みることです。

**①深呼吸**……緊張すると息が短くなるのでゆっくり息を吸う
**②目を細める**……相手を凝視するのでなく、うっすらと眺める
**③掌を開き、汗をぬぐう**……緊張した指のこわばりを緩める
**④肩を落とし、全身の筋肉を緩める**……全身を脱力させる

以上４つの動作を、ほぼ同時に行うことです。

体の状態から、脳に対して「今は緊張する時でなく、リラックスすべき時」というシグナルを送ってやることが大切なのです。

これが、自分の体感作用で「副交感神経」にはたらきかけ、冷静沈着な自分を取り戻

す方法なのです。こうすることで、攻撃を受けた自分という存在すらも、当事者意識にならず、客観的第三者意識を保てるからなのです。

これは、ドイツの精神医学者J・H・シュルツ博士が考案した、心を平安に保つ「自律訓練法」と同じ原理です。「自律訓練法」は寝転がって行いますが、立ったままでも「副交感神経」を刺激して、「冷静な自分を取り戻す方法」があるわけです。

こうした方法は、初めのうちは、なかなか実践できないかもしれませんが、会議でプレゼンを行ったり、大勢の前でスピーチしなければならない時など、どんな時でも緊張しはじめたな——と思える場合に、こうした体感コントロール法を行うことが重要です。

この方法に慣れてくれば、たちまち本来あるべき「冷静な自分」を取り繕うことも可能になるはずです。むやみに相手の土俵に引きずり込まれ、相手にペーシングしてしまう愚かな行動を是正できるようになるのです。

これが「アサーティブ対応」をより効果的に発揮するための方法になります。

SKILL 08

# 「苦手な人から自分を守る」鉄壁防御のスキル〈秘技編〉

## 「かわす」「よける」「ひねり返す」

意地悪な人間やタチの悪い人物から、「何らかの攻撃（嫌味や嘲笑・悪口・罵倒など）」を受けた時に、即座に行える巧妙な「かわし方」についても、解説しておきましょう。

これは「速攻」で行うことができる**「アサーティブ対応」**の変形バージョンです。

これも、相手への「ペーシング」を、あえてしないことが基本になっています。

相手に怯えたり、反撃していたのでは、相手からの攻撃が続くばかりであることを思い起こしてください。

さて、ご紹介するのは、正攻法の「アサーティブな対応」がうまく発揮できない時の、速攻的な「攻撃へのかわし方」です。これを覚えておくと、すぐに使えて大変便利です。

努めて冷静に、感情を押し殺して行うことが肝心です。

相手に対し、受け身になったり、攻撃的になったりするわけでなく、相手からの攻撃に対し、無表情で中立的態度で、「護身術」のようにスルーする方法だからです。

相手の機先を制し、相手の攻撃の意欲さえも奪ってしまうのです。

つまり、即効的で巧妙な「切り返し方法」です。したがって、けっして相手を挑発するような口調になってはいけません。それでは、「アサーティブな対応」でなくなるからです。声を荒らげることなく、平常心で、淡々と行うからこそ「アサーティブな対応」と同じ効果が手に入るからです。この点に特に注意していただきたいのです。

それでは、「アサーティブな対応」の即応型の変形バージョンを、いくつか順に見ておきましょう。

## 即効性のある「アサーティブ対応」の変形バージョン

学校や職場においては、あなたに対して、「不快なセリフ」を投げつけて、あなたが嫌がったり、困惑する表情や態度など、そうしたあなたのイレギュラーな反応を楽しむ——といった不届きな輩がいるものです。

そんな時に「職場でそんな言葉は聞きたくないです。なぜ、そんなことを言うのですか？」などと、正攻法の「アサーティブな対応」の言葉で応じていても、しつこく絡んでくるようなケースも見受けられるでしょう。

こういう時こそ、次の会話例のような瞬間的な対処法が効果的になります。

## 相手の「不快なセリフ」をオウム返しで遮断する

A「あんたって洋服の趣味が悪いわね、はは……今日もさぁ……」
B「ん……洋服の趣味が悪い……趣味が悪い……ですか……」
A「え？　んっ……」
B「洋服の趣味が悪い……ですかね？（沈黙して凝視する）」
A「ん…、え、なに……（トーンダウン）」

おわかりでしょうか。AはBに対して、意地悪なセリフをぶつけ、Bが慌てたり、困惑するであろうことを期待していました。しかし、BはAの挑発に乗ることなく、Aの意地悪なセリフを単にオウム返しするだけで、以後の会話を遮断しています。

そのため、Aは自分の発したセリフを繰り返されて鼻白《はなじろ》む——といった展開になったわけです。自分が発した醜いセリフを、いわば鏡を立てて映し返されると、自分の発した非常識なセリフが自分に跳ね返り、バツの悪さも感じさせられます。

「オウム返し」をしたあとは、無言で相手を凝視してやるのも効果的です。

「沈黙」と「凝視」は、あなたの心境が読めなくなるので、相手はトーンダウンせざるを得なくなるからです。

## 「おちょくりの相槌」を繰り出して、相手の話の腰を折る

次に、「オウム返し」と一緒に使ってみるとよいのが、「おちょくりの相槌」です。

相手の嫌味なセリフや意地悪な一言に対して、いちいちまともに応じることなく、とぼけた相槌だけを口にすることなのです。

たとえば、「あはーん…？」「ひょひょーお」「そーお、ほほほ…」「ほほーん」「なーるほどォ…」などと、相手のセリフにまともに返事をしない方法なのです。相槌だけをおちょくったような言葉にするだけです。前述の会話例ならこうなります。

**B「おひょー、ははん、いやあ、なーるほどねーっと」**

こうして、おちょくった相槌を重ね、勝手に一人合点している態度で、相手を見くびってやるわけです。これで相手も拍子抜けするので、会話を遮断させるのに有効です。

相手はあなたを挑発し、あなたが不快になったり、いきり立つ様子を見たかったのに、妙な相槌だけ打たれて、都合よくスルーされてしまうわけです。

## 唐突に「まったく別の話」を切り出して遮断する

相手からタチの悪い言葉を浴びせられても、常に動揺しないことが大事なのは言うまでもありません。相手の意地悪なセリフを、歯牙《しが》にもかけない、堂々とした、あるいは飄々《ひょうひょう》とした態度に終始することが、「アサーティブな対応」の変形ワザだからです。

次のような会話例をご覧ください。

**A**「今日はずいぶん濃い化粧してるけど、懲《こ》りずにまた合コン？」
**B**「駅前の新しいラーメン屋すごいね。毎日行列だからね」
**A**「え？　ラ、ラーメン屋……（たちまち面食らう）」

**A**「お前、いつまでその汚いカバン使ってんだよ、ダサいぞ、それは」
**B**「昨日の○○選手のホームランすごかったなー、あれはもう、しびれたわ！」
**A**「え、ホームラン？　なにそれ…（たちまち面食らう）」

どうでしょう。Bがまったく別の話を唐突に切り出すと、Aは面食らうのです。
これで相手の嫌味なセリフもシャットダウンできます。相手は二の句に困るのです。

嫌味なセリフや意地悪な発言に付き合ってやる必要はないのです。相手のセリフをまったく無視し、こちらのペースでまったく関係のない会話を始めれば、相手はうろたえるでしょう。あなたの鉄壁な「アサーティブ対応」の変形ワザこそが、効果を発揮します。

## 無関心セリフで、脱力して対応する！

他にも、相手からの「攻撃」に対応するのに、「別に……」「あっそう……」などの「無関心セリフ」を発するという手もあります。会話例をご覧ください。

A「お前は俺の助言を聞かなかったからさー、Q社のプレゼンに失敗したのさ」
B「あ、そう…別に…………それはね……（と沈黙して脱力する）」
A「え？　ん？　あ…、なに……？（拍子抜け）」

ここでも、まともな反応を示さなければ、相手は拍子抜けで機先を制されます。

## 「それが何？」の逆質問でシャットダウンする！

無関心を装うには、他にも「……で、それが何か？」「ふん、だから何？」「それがどーしたよ？」といったセリフもあるでしょう。次の会話例のように、「それが何？」「だから何？」などと相手の意地悪なセリフに逆質問してやるのも効果的です。

A「あんた、マンション買ったんだって？　これから何十年ものローン払えるの？」
B「ん……それが何…？」
A「え、いやローンって、長いでしょ？」
B「だから何……？」
A「や、大変だろうなって…………（意気消沈）」

こんな具合です。相手に迎合して「そうなのよ、ローン返済が心配でねえ…」などと受け身で応じれば、「何年ローンなの？」「マンションの値段は？」「新築？　中古？」「毎月の返済額は？」などなど次々に質問をしてきて、あなたをからかったり、他で吹聴して嘲笑うネタをとことん吸収しようとするのです。ここでは「何の興味もない態度」こそが強いのです。それでは、ここで速攻の「ひねりワザ」をまとめておきましょう。

- 相手からの嫌な言葉をオウム返しすることで遮断する
- 「へーそう…」といった、おちょくりの相槌でスルーする
- 相手のセリフに対して唐突に「別の話」を切り出し遮断する
- 「そう…別に…」の無関心セリフでスルーする
- 「だから何？…」の逆質問で相手の話の腰を折る

こうしたちょっとした対処法で、正攻法の「アサーティブな対応」に勝るとも劣らぬ効果があるのです。相手の挑発に乗ることなく、上手にガードを固めることです。

SKILL 09

# 絶対に「いじめられない人」になるスキル

## いじめられる人には共通のパターンがある！

さて、読者のみなさんは、いじめられる人のタイプには、共通するものがあることをご存じでしょうか。次のようなタイプの人は、いじめに遭いやすいのです。

- 気が弱く、誰にでも従順な人
- 空気が読めず、トンチンカンな対応をしがちな人
- ミスが多く、上司に叱られることが多い人
- 誰にでもよい顔をしようとする八方美人的な人
- 真面目すぎる人・正義感が強すぎる人

いずれも人間として、けっして劣っているわけでもなく、とても優しく思いやりのある人——といってよい人たちばかりなのです。

しかし、人間社会では、いずれも「過ぎたるは及ばざるがごとし」ということになりかねません。こういう人たちは、からかいや嘲笑の対象になりやすい人でもあるのです。善良であること――が実は、いじめられる要素になりやすいことを知っておかなければなりません。

実際、「アグレッシブタイプ（積極的・能動的・支配的）」の人は、自分よりも「弱そうな人」を見つけると、マウントをとって、自分の支配的な環境下に置きたくなるからです。

そのほうが、何かと便利だからです。

そして、何をやっても「抵抗しない・反撃しない」という相手の習性がわかると、自分のストレス解消を兼ねて、継続的かつ執拗な「いじめ」に走ったりするわけです。

もちろん、いじめに遭うタイプは、これらのタイプにとどまりません。

周囲の人たちよりも、つねに成績がよかったり、上司からの評価が高い、容姿が優れている、恵まれた境遇にある――などといったケースでも、「嫉妬」の対象となり、ことあるごとにいじめられるケースもあるからです。

いずれにしろ、覚えておきたいことは、いじめられる人は、大抵「無抵抗」ということなのです。

いじめられても、へらへら笑ってごまかしたり、うつむいて黙り込んでしまう——など、反撃してこないことが明確であるゆえに、かえって相手にいじめることの快感を覚えさせ、増長させかねないからです。

いじめられた時に、やってはいけないことは、「無抵抗であること」なのです。

では、逆上して反撃すればいいかといえば、もちろん、それも間違いです。

あなたを嘲笑したい相手にとっては、待ってました——の思う壺の展開ですから、あとは泥沼の争いしか生まれません。

こんな場面では、適度な範囲内でのディスペーシング（相手のペースに反同調）をすることが、自分の人格を守るバリアを築くことにつながります。反撃するのではなく、相手の理不尽な攻撃そのものを指摘してやり、あくまでも牽制するのです。

やられっぱなしの人間ではない——ことを示すことが、あなたの人格権を相手に突きつけてやることにつながります。

これまで、そうした対応の仕方を「アサーティブな対応」として、紹介してきました。

アサーティブとは、「対等な人格や立場における自己主張」に他なりません。「アグレッシブ（能動的・積極的・攻撃的）」でもなければ、「パッシブ（受動的・消極的・従属的）」でもない、第3のタイプであるのが「アサーティブ（対等・中立・冷静・無感情）」というわけです。

嫌なことをされたり、悪口を言われたら「やめてください」「職場において不適切な言動ですよ」などと、相手の非常識な対応そのものへの**「現況の指摘」**を、冷静に無感情に行わなければなりません。

そうすることで、いじめてくる相手が「コイツはタダの弱虫ではない」「ちゃんと不快感を表明する人物」として、あなたのことを再認識するからなのです。つまり、あなたの人格を再評価することにつながるわけです。

いじめられても無抵抗ではないぞ——という反応をこそ、冷静に無感情で示さなければならないゆえんなのです。

では、ここからはレッスンとして、具体的な会話例を見ていきましょう。

## いじめられない人になる会話の仕方

たとえば、アサーティブを身に付けた人は、アグレッシブ・タイプに挑発されても動じません。

**暴君上司**「お前、今月中に契約とれなかったらどうするつもりだよ」
**冷静部下**「頑張っているので、そういう言い方は心外ですし、困ります」
**暴君上司**「どう責任を取るつもりかって聞いてんだよ、バカ野郎！」
**冷静部下**「課長、職場で『バカ野郎』は、不適切かと思いますが」
**暴君上司**「うるせーな、いちいち。ま、いいや、覚悟しとけよ…」
**冷静部下**「は？　あの、覚悟とはどのような？」
**暴君上司**「ええい、もういい（イライラ）、席に戻れ……（トーンダウン）」

文字面だけでは、わかりづらいかもしれませんが、暴君上司のパワハラ攻勢が、アサーティブな部下の対応によって、トーンダウンしていくことがわかるはずです。

暴君上司は、部下を挑発してビビらせようとしますが、冷静沈着で動じない態度の部下に、最後は暴君上司のほうがペーシング（同調）してしまいます。

暴君上司が怒りをぶつけると、本来部下は、萎縮して震えあがるのがふつうです。

これが、暴君上司の予定調和の行動のはずでした。

暴君上司が怒りをぶつけても、相手が萎縮しないのは、暴君上司にとっては面白い状況ではありません。

暴君上司の頭には、「何だコイツの冷静な態度は？」と違和感が広がります。

しかし、アサーティブ・タイプの部下は、冷静に落ち着き払って、暴君上司に対峙して揺るぎません。意識的に冷静に対応しているといってもよいでしょう。

このように、相手にペーシングしない適度なレベルのディスペーシング（反同調）が効果的なのです。

ただし、ディスペーシングといっても、けっして反抗的な態度でのディスペーシングをするのではありません。

適度な、常識的なディスペーシングになっていることを見逃さないでください。反抗的なディスペーシングだと、この場面では、罵り合いの応酬になる可能性が高く、結果的には、そのディスペーシングが、相手と争う相互ペーシングの状況にまで発展してしまいかねないからです。

このような場面では、適度なディスペーシングで、相手の人格攻撃をすることなく、アサーティブに不適切発言だけを指摘することが、模範的対応になるわけです。

感情的にならず、理性的に対応して上司をこちら側にペーシングさせるのです。

いかがでしたでしょうか。こういう反応をいつでも示せるようになると、誰からもいじめられたり、一方的な攻撃にさらされることもなくなっていくのです。

対応のコツを飲み込んでいただけましたでしょうか。

どんな場面でも、冷静沈着にアサーティブ対応をすることの大切さが、おわかりいただけたのではないでしょうか。

SKILL 10

# 「口下手」が一瞬で直るスキル

## 「口下手で内向的な性格を直したい」！

ここでは、自分の性格のリフォームについて考えてみましょう。

とりわけ、**「内向的な性格」「引っ込み思案」**といった自分の気質に悩んでいる人は少なくないでしょう。自分から、積極的に何かをアピールしていくといったタイプでないため、周囲からは「おとなしくて何を考えているのかわからない人」などと思われがちな人でもあるからです。そんな人は次のような悩みをもっていたりするものです。

- **「人見知りで、初対面の人との応対がぎこちなくて困る……」**
- **「雑談が苦手で、相手との会話が続かない……」**
- **「強引な人からの説得にノーと言えず、いつも押し切られる……」**

こうしたことが、つくづくやりきれない——などと嘆息しがちでしょう。

こういう人は、とても生真面目で、礼儀正しい性向の人が多いはずです。自分の本来の持ち味を、ほんのちょっぴり表面に出すだけでも、印象も変わる人なのです。

人への思いやり精神がありすぎて、「NO！」と言えずに、自分の悩みを深めている人でもあるでしょう。すると、自身の「気質」を、マイナスにとらえがちにもなるのです。しかし、何ら卑下《ひげ》することはないのです。現在の自身の「内向型の気質」を、もっと肯定的に見るべきというのが、今日の最新の心理学研究でも、明らかになっているからです。

## 「内向型」の性格は、悩むほどの気質ではない

「自分は内向型で社交的でない」と思い悩む人は少なくありません。しかし「口下手で内向的な性格」は、けっして悪いタイプではありません。

「口がうまい社交的・外交的な性格」の人と比べ、目立つことが少なく、一見そうした人たちよりも、弱そうに見られる――だけのことだからです。

たとえば、初対面の相手と会話や雑談がうまく続けられないとしても、相手はこちらが悩むほどのダメージを被るわけではありません。

外向型の相手なら、相手のほうがうまくフォローしてくれるはずですし、お互いに黙り込んでしまうようなら、相手も自分と同じく内向型の人間なんだ――と認識すればよいだけだからです。商談や契約などがうまくいく・いかない――といったことは、雑談がうまい・下手とは関係ないはずです。ゆえに、会話が弾まないからといって、落ち込む必要はないのです。実質的な商談ができないわけではないのですから、単刀直入にそのまま具体的な商談に入ればよいだけのことなのです。

## 3割が遺伝的要素

まずは、自身の性格傾向を卑下する癖をなくすところから、自身の脱皮を図っていきたいところです。

ところで、内向型の気質というのは、遺伝的要素によるものとされています。

発達心理学の各種の研究から導きだされた結論では、ほぼ3割の比率で、子供が内向型の気質をもって生まれてくるとされているからです。

では、どんな特徴的要素があるのでしょうか。

米国の発達心理学者のジェローム・ケーガン博士が、脳の遺伝的気質による違いが「内向型」と「外向型」に分かれると立証しています。

ケーガン博士は、大脳古皮質という本能を司る部位にある**「扁桃体《へんとうたい》」**という感情脳の反応に着目し、生後4か月の赤ちゃんから、成長するまでの人を長期観察したのでした。

その結果わかったのが、赤ちゃんの時に外部からのちょっとした刺激（音や振動や光）に対しての反応の差で、成長してから、人は「内向型」か「外向型」かの傾向を帯びる――ということを発見しています。

赤ちゃんの時に、外部のちょっとした刺激に、大泣きして高反応を示した赤ちゃんほど、成長するにしたがって「内向型」になり、最も低反応の赤ちゃんたちが「外向型」になることを突き止めたのです。ゆえに、程度に差はあるものの、人の半分はおおむね「内向型」で、残り半分が「外向型」という大まかな分類が成り立つともいえるのです。

誰もが、「内向型」「外向型」の遺伝的気質をもっていて、そのどちらかの影響がより強いか弱いかという差にすぎないわけです。

## 「内向型」と「外向型」の「強み」と「弱み」を把握する

口が達者で強気な「外向型の人」よりも、「内向型の人」のほうが、それを「強み」として発揮している人が多いといわれます。一見、目立たないだけなのです。

つまり、「弱み」は「強み」にもなるし、「強み」も「弱み」になる――という表裏一体の概念にすぎないことを、ここで認識しておきましょう。

口下手で・弱気に見える内向型の人は、自分ではそのことをコンプレックスと思いがちです。

しかし、あえて他人と比較するから、そうなるわけです。逆にいえば、他人と比較して、つねに自分のほうが優れている――と思い込む習性があれば、思い悩むことも少なくなるはずですが、人間はつい、他人と比べて自分の劣ったと思えるところに意識を集中しがちなため、コンプレックスをもってしまうのです。
こうした思考習慣は回避すべきでしょう。

## センシティブという素晴らしい「センサー機能」を備えている「内向型」

総じていえるのは、「口下手で、弱気に見える内向型の人」は、センシティブ（繊細な、感じやすい）な人といえます。

「内向型の人」は感じやすいため、口が達者で強気に見える「外向型の人」と比べると、たしかに行動が慎重になっています。

臆病さをもち合わせているがゆえに、口が達者で強気に見える外向型の人のように「無神経・鈍感」な振る舞いが生じにくくなるわけです。しかし、これこそが大いなるメリットでもあり、「強み」なのです。

「内向型の人」は神経が研ぎ澄まされているために観察力に優れ、リスクに慎重に対処するため事故にも遭いにくく、投資で大損しない冷静さを兼ねそなえている――と言い換えられるからです。

これは、もう立派な「強み」といえるのです。

## 「内向型の人」と「外向型の人」はエネルギー充足法が異なる

「内向型の人」と「外向型の人」との違いは、次のように考えられています。

「外向型の人」は、口が達者で強気に見える人が多いのですが、人と接することでエネルギーを充足させています。ゆえに、大勢の人がいるほど元気になれるのです。

そのため、外界からの刺激のない閉鎖空間や、孤立して他人と接することのできない環境にいると、みるみる元気をなくしてしまうのです。張り合いがなくなるからです。

反対に「内向型の人」は、人と接するよりも、自分の内面に対応している時のほうが、エネルギーを充足させていきます。自分の心と静かに向き合っている時が、一番くつろげて、安らげるわけです。そのため、人と接することの多いところに長くいると、だんだん元気がなくなり、一人になれる環境を求めたくなります。人と接するほどに衰弱するからです。このように、誰でもどちらの傾向が強いかは別にして、これらのいずれの傾向も多かれ少なかれもっているのです。

## 「内向型の人」のほうが世界的に著名な成功者が多い

「内向型の人」には、世界的に著名な成功者が目白押しです。

思考が内面に向かうので、学者や研究者に多いのも頷《うなず》けます。

相対性理論のアインシュタインは、4歳までまともに言葉が喋れず、7歳まで読み書きが不自由だったのは有名です。

自然界の成り立ちや数学にだけ興味を示し、大学でも、興味のある講義だけしか受けなかったため、教師からは「やる気のない学生」と疎《うと》まれ、大学に助手として残りたかったのに残れませんでした。卒業後のアインシュタインは、家庭教師やアルバイトで糊口《ここう》をしのぎ、ようやく特許庁の下級審査技師の職を得てから、好きな物理学の研究に取り組み、その後の名声につなげます。

発明王エジソンは、自分の興味のあることでの素朴な質問ばかりして、知能が低いとみなされ、小学校を退学させられたのは有名な話です。

万有引力の法則を見出したアイザック・ニュートンも「内向型」で、小学校時代の成績はビリで、一人黙々と工作に熱中するような少年だったそうです。

「種の起源」で進化のプロセスを明らかにしたチャールズ・ダーウィンも子供時代の成績は悪く、一人静かに園芸をしたり、虫や鳥の観察に没頭する少年だったといいます。

このように、学者や研究者には、「内向型」の人が、非常に多いのです。

他にも、内向型の世界的著名人は大勢います。

マイクロソフト創業者のビル・ゲイツ、映画監督・プロデューサーのスティーブン・スピルバーグやジョージ・ルーカス、世界一の投資家ウォーレン・バフェット、米国のリンカーン大統領、インド独立運動で非暴力主義を貫いたマハトマ・ガンジー……などなど、枚挙にいとまがないのです。

「内向型の人」は、自分に大いに自信をもつことが大事なのです。

SKILL 11

# 「説得力」で人生をチート化するスキル

## アリストテレスが説いた「説得成功の3要諦」

「説得力」とは何か？——といえば、「あなたの主張を、相手が納得し、受け入れてくれる交渉スキル」といってよいでしょう。命令したり、強要することなく、相手が自主的に、あなたの意向に沿って行動してくれる——ことを意味しています。

説得のベースにおくべきは、こちらが相手に「メリットをもたらす存在」と思ってもらえるよう仕向けることです。つまり、説得とは、できるだけ丁寧・快活に、相手の主張にも耳を傾けつつ、こちらの提案を諄々《じゅんじゅん》と説き、受け入れてもらうことだからです。

このことは、２３００年も昔の古代ギリシャの賢人アリストテレスが、「説得の要諦」として、次の３つを挙げていることでもわかります。

- **エトス**……話し手の人柄
- **パトス**……聞き手の感情

### ●ロゴス……論理的な組み立て

一つ目の「エトス」は、自分が信頼される話し手であること――を強調しています。

二つ目の「パトス」は、相手の気分をよくするように話すこと――を重んじています。

三つ目の「ロゴス」は、話の内容に筋道が通っていること――を大事にしています。

説得で欠かせないのは、話の内容そのもの――という「言語的要素（バーバル）」が重要なだけでなく、自分や相手の「五感」に関わる「表情」「動作」「声質」「身振り」「語り口」といった、「非言語的要素（ノンバーバル）」も非常に重要だからです。

## アプローチの段階で「間合い」をとることの重要性

誰かに、自分の主張への賛同を得たいと思った時、最初からいきなり話の本題に入る人がいますが、これは間違ったアプローチに他なりません。

相手のその時の状況、気分や感情を考慮していないからです。

最初に、相手にきちんと向き合ってもらうためにも、あらかじめ慎重に「間合い」をとることが大事なのです。

- 「お忙しいところ恐縮です。2~3分だけよろしいでしょうか？」
- 「ご賛同が得られないかもしれませんが、○○の件でご相談させてください」
- 「ちょっとした発見があったので、○○について少しお話ししてもよいですか？」

本題に入る前に、必ずこうしたクッションを置くことが大切です。相手に「うん、いいよ」と肯定的に向き合ってもらわなければ始まらないからです。相手が反対者なら、なおさら「賛成していただけないかもしれませんが……」といったへりくだった前置きで、相手にあらかじめ賛同しなくても可といった親切な態度で接することが大事です。

ここでは、すでにお伝えした**「返報性の原理」**を活用するのが有効だからです。

## 「事実の証拠や根拠の例」を多角的に語る

物事を伝える場合、他との比較や、自分の体験、実際のデータといった多角的な面から説明することが重要です。ただし、その場合はデメリットを先に述べ、メリットで締めくくる話法が重要です。たとえば次の会話を比べてみましょう。

● 「彼はいい奴だけど、短気な性格だ」（デメリットが後）
● 「彼は短気な性格だけど、いい奴だ」（デメリットが先）

前者と後者では、心理学の「系列位置効果」による **「親近化現象」** で、後者のほうが「いい奴だ」という印象が記憶に刻まれやすく、メリットのイメージが大きくなります。

● 「この製品は高額ですが耐久性が抜群です」（デメリットが先）

● 「この製品は耐久性が抜群ですが高額です」（デメリットが後）

デメリットを後に述べて言葉を締めくくると、デメリットが強調されて印象に残ります。製品の高額さがとりわけ強調されるからです。物事の説明の時には、この点にも注意しましょう。

## こちらの要求が通ってしまう不思議な「心理テクニック」とは？

さて、こちらの依頼や要求がなかなか相手側に通りそうにない時、トリッキーな「心理テクニック」を知っていると、意外に説得がうまくいきます。

2つの事例をご紹介します。一つ目は、次の会話のように「**段階的依頼法**」と呼ばれる説得に有効なテクニックです。

人は最初に小さな事柄にＯＫを出すと、そのままＯＫを続けていきやすい――という習性が知られています。これを利用して、段階を追って承諾を得る依頼法なのです。

**夫**「ああ俺だけど。今日は残業ナシだから、今から帰るぞ。夕飯頼むな」
**妻**「あら珍しい。夕飯ね。じゃ、悪いけど、帰りに『味ポン』買ってきてくれる？」
**夫**「おお、いいよ。『ぽん酢』だな、わかったわかった（YES）。
**妻**「あ、それから悪いけど……、ついでに『大根』もお願い。切らしちゃったの」
**夫**「え？『大根』もかよ。ま、わかった（YES）。そいつも買うよ」
**妻**「あら、ごめんなさい。『キャベツ』も切らしちゃったの。それもお願いできる？」
**夫**「ええっ？『キャベツ』もかよ…、しょーがねーな、わかったよ（YES）」
**妻**「ありがとね。重いものばかりでごめんなさいね」

いかがでしょうか。こういう場面はよくあると思いますが、ポイントは頼みごとを小出しにしているところです。いっぺんに、ポン酢と大根とキャベツをお願いすると断られかねませんが、最初のポン酢にＯＫさせたのがミソなのです。

最初に受け入れやすい小さなお願い事をして承諾をもらいます。するとで、次にそれより少し大きなお願い事をしても承諾がもらえます。

人は、いったんOKを出すと、ついでに出された次のお願い事にも承諾しやすいのです。これを心理学では**「一貫性の原理」**と呼んでいます。

人は最初に自分が示した態度をそのまま続けていきたいからなのです。

こうやって、次々とお願い事を重ねていって要求を通してしまいます。

これが「段階的依頼法」です。「YES」を積み上げていくことが大事です。

二つ目は、**「譲歩的依頼法」**と呼ばれるものです。

最初に、通りそうもない大きなダミーの依頼を持ち出して、「それは無理です」などと相手にきっぱり断らせるのです。

断られたらがっかりし、すかさず小さな依頼に譲歩して提案すると、相手も最初に「断った」ことにバツの悪さを感じ、「ま、それでしたら、いいですよ（YES）」などと譲歩してくれ、OKしてくれるというものです。ここには「返報性の原理」もはたらいています。最初の大きな依頼は、断られることが前提の「ダミーの依頼」というわけです。

こちらが最初の大きな要求を引っ込めて、小さな要求に代えたことは、相手から見たら、こちら側が譲歩したようにも映ります。
すると、つられて相手も、自分も少し譲歩しないと悪いかな——という感じに錯覚し、こちらの要求を聞き入れてくれるようにもなるわけです。会話例を見てください。

**当方**「今回はまとめて500ロット購入しますので、30%まけてくださいよ」
**先方**「えっ、そんなー。500ロットぐらいでは、30%もまけられませんよ」
**当方**「(がっくりしながら……)じゃあ、せめて15%まけてくださいよ」
**先方**「ふむ、15%ですか……、ま、それぐらいなら、いいかな…(YES!)」

こんな感じになるのです。30%引きは断られることが前提のダミーなのです。
最初から15%負けてくれと要求したのでは、撥ねつけられて5%ぐらいしか負けてくれなかったかもしれません。30%引きという、大きなダミーの要求を引っ込めたことが、相手のアンカー(船の錨《いかり》)に引っかかり、こちらが譲歩したと錯覚し、相手も譲歩して15%引きを承諾してくれたわけです。

プレイボーイの男性が女性を口説く際にも、意外とこの手は使われています。

**男性**「君が大好きになっちゃったよ。もう我慢の限界だ。これからホテルに行こうよ」
**女性**「えっ？ だ、だ、駄目よ、そんな……(汗)。知り合ったばっかりだし……(汗)」
**男性**「(がっくりしながら……) うーん、じゃ、キスならいいだろ、な？」
**女性**「え？ え？ う、うーん……(汗)、しょ、しょうがない……キスだけよ……」

といった具合です。
ちょっとした心理テクニックの使い方次第で、あなたの説得力も向上することが、おわかりいただけるでしょう。
アリストテレスの「説得の3要諦」をベースにして、ぜひ今後も説得力の向上に励んでいただきたいと思います。

SKILL 12

# 死んでも「騙されない人」になるスキル

## 「詐欺被害続出！」――人はなぜ「騙される」のか？

ここでのテーマは「人はなぜ騙されるのか？」についてです。

一般的な詐欺事件の心理的カラクリについて、心理学およびマネーリテラシーの観点から解説していきましょう。

まず読者の皆さんは、日々のニュースで「振り込め詐欺事件」が報じられる度に、「なんで自分の息子かどうかを疑うことなく、偽の息子の指示に騙されるまま、大金を振り込んでしまうのか？」などと不思議に思う方が多いでしょう。

それも当然です。

大抵の人が、「自分ならそんなことはありえない」と確信しているからです。

そんなに簡単に自分が騙されることはない――という揺るぎない信念があるのです。

ところが、「振り込め詐欺」被害に遭った人は、毎年およそ8割弱が65歳以上高齢者で、被害に遭った人全体の95%の人が、「まさか自分が被害に遭うとは思わなかった」と述懐しているのです。つまり、自分が騙されることはない——と固く信じていたのに騙された人たちばかりだった——というわけです。

心理学では、これを**「自信過剰バイアス」**と呼んでいます。

「自分の下す判断には、まず間違いがない」ということからくる油断に他なりません。

## 「感情」を揺さぶられると正常な判断力が鈍る

騙されないという自信があるにもかかわらず、突然に息子と称する男からかかってきた電話によって、不安を煽られ心揺さぶられると、冷静な判断力が奪われます。

息子と思った男から、「実は〇〇の不祥事を起こしてしまった。急いで、お金を払うことで何とか救ってほしい！」などと、すがりつかれると、にわかに平常心を失い、不安と恐怖に駆られ、感情のバランスを崩し、たちまち冷静な判断力を失くしてしまうのです。

最愛の家族の危難を救うため——という親心に付け込まれ、まんまと犯人グループの言いなりになってしまいます。

何とかして息子の窮地を救ってやらなければ——という、せっかくの親心が仇になり、虎の子の老後資金を奪われます。

しかも毎年、こうした詐欺被害に遭う人は万単位の数の人たちに及んでいるのです。

「振り込め詐欺」や「架空請求詐欺」「還付金詐欺」などの【特殊詐欺】に騙される心理は、2002年に行動経済学分野でノーベル経済学賞を受賞した米国の心理学者・行動経済学者のダニエル・カーネマン教授の「プロスペクト理論」でも説明できます。

人は目先の利益を手に入れようと急ぎ、一方で損失はできるだけ回避したい——という「損失回避行動」に走ることが多いからなのです。

「振り込め詐欺」は、息子の不祥事によって、さらに大きな損失を回避するための現金振り込みになり、「架空請求詐欺」は、「これ以上損失を増やしたくない・打ち止めにしたい」という衝動からの行動です。そして、「還付金詐欺」は目先の利益を早く手に入れようと急ぐ心理による行動になっています。

前二者は、不安心理を煽り、後者は欲望心理を巧みについているわけです。

こうした【特殊詐欺】は、主に電話主体の工作ゆえに、なかなか主犯が捕まりにくいという特徴があります。逮捕されるのは高額アルバイトとして勧誘された、現金受領現場に現れる「受け子」ばかりになるゆえんです。

「振り込め詐欺」にしろ、「架空請求詐欺」、「還付金詐欺」にしろ、いずれもが不安や欲望といった感情を揺さぶられ、正常な判断力を奪われる心理的トラップ（罠）が、巧みに背景に組み込まれているのです。

## 「欲望」を刺激する「投資詐欺」の認知バイアスとは？

現預金を保有する割合が非常に高い、高齢者を狙った「投資詐欺」においても、毎年のように摘発が続き、万人単位での被害者が後を絶ちません。

たとえば、次のような有名な事件は、被害額も大きいので記憶に新しいでしょう。

**●09年「L＆G」被害者3万7000人（被害額2260億円）**

……疑似通貨「円天」による詐欺
- 11年「安愚楽牧場」同7万3000人（同4200億円）
……和牛預託商法による詐欺
- 17年「ジャパンライフ」同1万人（同2100億円）
……磁気健康器具による詐欺

こうした「投資詐欺」は、虎の子の老後資金を少しでも増やしたいと考える人々の欲望刺激で成り立っています。そうした感情を揺さぶる「認知バイアス」は次の通りです。

- **正常性バイアス**……儲けている人が大勢いるので間違いないはず
- **感情バイアス**……儲かる投資に出会えた自分はラッキーだ
- **集団同調性バイアス**……みんなやっているから大丈夫、安心だ
- **正当化バイアス**……自分はツイている。もっと投資して儲けよう
- **喪失不安バイアス**……途中で辞めると今まで投資してきた努力が無駄になる

こうした「認知バイアス」を効果的にするべく、詐欺グループは、広告塔にするため政治家や有名芸能人をゲストに呼んで、投資への信頼性を高めるべく、豪華パーティーや観劇ショーを開催し、ゴージャスな気分を盛り上げ、投資への新規参加者を募っていきます。

政治家や有名人といった「社会的権威」や「著名」といった金箔的要素で、参加者を「目くらまし」に遭わせているわけです。

詐欺グループにとっては、投資の利益に相当する分配金が、ネズミ講式のタコ足配当なので、次々と投資への新規参加者が続いてくれないと、資金繰りに窮して破綻してしまいます。ゆえに新規加入者を次々勧誘します。自転車操業なのです。

あるいは、「いつまでに振り込まないと権利がなくなる」などと期限を切って慌てさせる「限定効果」や、「今だけの二度とない特別チャンス」といった「希少性効果」も随時演出していきます。

## ●「元本保証だから安心」

### ●「高利回りの配当で儲けた人たちが大勢いる」
### ●「早い者勝ち」

騙される人は、こんなセリフにコロッと引っかかり、詐欺グループが資金繰りに行き詰まり破綻するまで、「信じてついていこう」と最後まで信奉していくのです。

そして、詐欺グループに預託したはずの虎の子の老後資金は、もう2度と手元に戻ってくることもなくなるのです。

「3年で投資したお金が2倍になる元本保証の儲け話があります」だの、「半年毎に5%もの配当があり、すでに私は、1年間で150万円も儲かった」などのオイシイ話で誘われたなら、キッパリと断らねばなりません。

「そんなに儲かるなら、他人に教えず、自分一人だけで儲けていなさいよ！」と撃退しないといけないわけです。

世の中に「オイシイ話」はないからです。

SKILL 13

# 「人生の浪費」で絶望しないためのスキル

## 「宝くじ」と「福袋」に群がる人たちの心理

ここでのテーマは、宝くじや福袋を買う人たちの**「不思議な認知バイアス」**についてです。宝くじや福袋が人生の浪費と関係が深いのは、「夢」や「希望」をチラつかされて、財布の紐を緩めてしまう、つまり騙されていることに気が付いていないことが問題なのです。まずは「宝くじ」のカラクリから見ていきましょう。

宝くじ全体の売上額は、2005年度に1兆1千億円のピークをつけて以降、減少傾向です。2017年度には過去最低の8千億円割れも記録し、翌年18年度に8046億円まで持ち直し、2022年度には8324億円とほぼ横ばいが続いています。

宝くじは、お手軽な価格で楽しめる「庶民の夢」ですが、1枚300円のジャンボ宝くじの当せん確率は1千万分の1で、生涯のうちで落雷で死亡する確率と同じだそうです。10枚3千円分購入しても百万分の1の当せん確率です。お手軽な価格ですが、ものすごく当たらないことがわかります。

しかし、宝くじは買わないと絶対当たらないからと、これを100枚3万円分、300枚9万円分も買う人がいるので驚かされるのです。なぜでしょうか。

## 人は不合理でも自分に都合よく考えて行動する

つまり、人は次のような認知バイアスに支配されやすいからなのです。

- **「感情バイアス」**……………他人は当たらないが、自分だけは当たりそうな気がする
- **「確証バイアス」**……………高額当選者は長く買い続ける人という都市伝説を信じる
- **「正常性バイアス」**…………3時間毎に1千万円当選と聞き自分の行動も正常と思う
- **「喪失不安バイアス」**………毎回買わないと、これまでの行動が無駄になると思える
- **「集団同調性バイアス」**……多くの人が買うので自分にもチャンスが巡ると思える
- **「正当化バイアス」**…………ツキの時多く買い、ツキなし時はツキある人に買わせる
- **「アンカーバイアス」**………運の悪い人が当たると自分にもチャンスが巡ると思える

こうした認知バイアスに突き動かされた人たちが宝くじを買い、当せん発表日まで、ワクワクしながら夢を見るわけです。そして当せん発表日に、がっかりするのです。

しかし、そんな悔しい思いの時でも、「まあ、宝くじに当たって不幸になる人も多いから、当たらなくてよかったのかも…」などと自己正当化までしてしまいます。

## 「宝くじ」は最も効率の悪いギャンブル

2022年度の宝くじの売上8324億円のうち、当せん金はたったの46・9%(3904億円)しかありません。

残りの53・1%のうち、地方自治体などに36・7%(3052億円)が建前上分配されますが、そのうちの1割程度は総務省傘下の公益法人が100団体近くもぶら下がっており、そこに総務省役人が天下って高給を貪る構図になっています。地方自治や社会貢献を謳っているものの、本当は総務省OBの楽園が築かれています。繰り返しますが、宝くじは、配当率がたったの46・9%しかないのです。他の公営ギャンブルと比べると非常に見劣りします。競馬も競輪も競艇もオートレースも約75％もの配当率だからです。民営のパチンコは約87％です。騙されてはいけないのです。

次に、「福袋」のカラクリについても見ておきましょう。

## 「福袋」はおトクな商品ではない

年始の初売りシーズンには、百貨店や専門店などで、「福袋」が売られます。

日本人が、福袋に魅力を感じる一番の理由は「福袋自体の価格よりも中身の品物が高額だから」ということが刷り込まれているからです（**アンカーリング効果**）。

「5千円の福袋を買ったら、2万円分の商品が入っていた」という喜びが期待できるからこそでしょうが、消費者に「おトク」と思わせ、とにかく購入を促進させる巧みな価格戦略になっています。近年では、「中身の見える福袋」というのも登場して人気です。

何が入っているかが、わかったうえで買える福袋なら、「おトク」感も抜群だからです。

5千円の福袋の中身の商品が、2万円分の商品だったとしても、消費者にとっては

1万5千円分トクをしたとはいえません。

2万円というのは商品の上代価格であって、真実の価値や価格ではないからです。

「好きなブランドの商品であれば、何でもうれしい」という人にとっては、コレクションが増えて喜ばしいかもしれませんが、福袋に詰められる商品には、売れ残りの在庫処分としての意味合いのほうが強く、廃棄処分予定品ならゼロ円価値です。

本当に自慢できる人気の商品であるならば、福袋のように、外から中身が見えない商品にしたりする必要がないからです。

## 高級ブランドは「ヴェブレン効果」がはたらき高額ゆえに売れる

福袋戦略と似た商法には、アウトレットモール商法があります。

高級ブランド品は、「高額なブランド品を身に着けている私」という自己拡張心理が味わえ、高額品を所有している「見せびらかし」の優越感に浸れ、自己顕示欲が満たされます（顕示欲求＝**ヴェブレン効果**）。そんな消費者の幻想に支えられているので、高級ブランド品は、中古市場でも存在感が保てます。

こうした消費者の幻想を裏切らないために、都心の一等地にある高級ブランドショップでは、「安売りセール」は一切行いません。ゆえに、ブランドショップが集積した不便な地のアウトレットモールで安売りし、消費者に「トクをする」と思わせています。

## コストパフォーマンスの悪い高級ブランド品

ところで、こうしたアウトレットモール業態が誕生したのは1980年代の米国でした。はじめはブランドメーカーの工場の一角で、訳アリ商品などを細々と売る形態からスタートし、次第にブランド品店舗を集積させた在庫処分の戦略拠点として発展させ、今ではアウトレットモール専用商品までも揃えて売っています。

しかし、高級ブランド品は、決してコスパのよい商品ではありません。

なぜなら、高級ブランド品とそっくりで、精巧に作られた偽物ブランド商品が、非常に安く売られているからです。本物ブランド品の半分以下の価格でも、本物と見分けのつかない偽ブランド商品が売られているわけです。

つまり、本物ブランド品の原価も、とても安いものであることが想像できるはずです。ゆえに高級ブランド品はアウトレットモールで、50％OFF、70％OFFで売ってもメーカーは元が取れるのです。高級ブランド品の原価も10％や20％くらいにすぎないからこそ成り立つ販売価格なのです。原価さえ割らなければ、安く売っても商売が成り立つアウトレットモールは、非常に賢い在庫処分の現金化拠点といえるのです。

他にも原価は激安なのに、ベラボーに高い価格の商品が世の中には存在しています。原価100円もしない化粧品が5千円や1万円で売られており、生命保険も実際の補償に回るのは価格の3割程度で7割は企業の利益と広告費などのコストで消えています。化粧品は百均で買えばよいし、保険より「都道府県民共済」がコスパが抜群なのです。

SKILL 14

# とっさの時・困った時のピンチを脱出する切り返しスキル

## 「ウソ」がバレそうになった時のクレバーな切り返し方

ウソがバレそうになって、うろたえる場面があったとします。

こんな時、あなたならどうしますか。

さっさと観念してウソを認め、白状して謝罪するのでしょうか。

しかし、決定的な証拠がないのに、ここでウソと白状してしまうと大変です。激しく糾弾されて、何らかの形で「処罰」が下されるかもしれません。

もっとも、こんな形勢不利な場面でも、うまく切り返す方法があります。

そんな時には、「なぜ、ウソだと思うのですか？」「どうして、そうと決めつけるのですか？」といった、突然の切り返しでの「なぜ？」「どうして？」の逆質問が有効になるからです。人は、唐突に「なぜ？」と質問を突きつけられると、思考が中断せざるを得ないのです。「そ、それは……」と反射的に質問に答えようとして、思考がかく乱されます。

議論で負けそうな時や、形勢不利な場面でも、「なぜですか?」「どうしてそう思うのですか?」という逆質問の手法を覚えておくと便利です。押し返せるからです。

相手が慌てて理由を答えようとすることで、攻守が入れ替わるでしょう。

人は「なぜ?」「どうして?」と突然尋ねられると、反射的にすぐに答えなければいけないと思う習性があります。

そのため、急にこちらから追い立てられると、今度は相手も守勢に回らざるを得ないのです。

相手がとまどいながら答えてくれたならば、それについても、「それもおかしい。なぜ、そう思うのですか?」などと、さらに次の追い打ちをかけていけばよいのです。

ウソがバレそうな時には、こうした切り返しの逆質問で、相手が口ごもっている間に頭をフル回転し、都合のよいこちらの別の言い訳を考えればよいのです。

ピンチを切り抜ける時には、どんな場面でも、相手に「なぜ、○○と思うのですか?」と切り返すことを覚えておきましょう。シラは切り通せばよいのです。

これで、十分に時間稼ぎができて、こちらも反撃態勢を整えることができるからです。

では逆に、相手がウソをついていそうな時のその見分け方も覚えておきましょう。

## ウソを白状させるための「追い込み方法」

「それってウソだろ？」などとカマをかけると、ウソをついている人は慌てます。「早口になる」「瞬《まばた》きの回数が増える」「興味のない風を装う」「話題を他に転換しようとする」「怒り出す」「目が泳ぐ」「手や顔が汗ばむ」「言い間違いや吃音《きつおん》が多くなる」「話す言葉の文法がおかしくなる」「落ち着きがなくなる」「不自然な動作が増える」「ウソじゃないよと繰り返し強弁する」「無言で凝視してくる（女性に多い）」「たぶんそうだよとか、おそらくといった不確定推量の言葉が多くなり、自分の主張を通そうとする」……などなど、バレたら困るという緊張感によってこうした特徴的な反応が現れます。それをよーく観察することで、その真偽を見極めていきます。

ただし、実際に相手にウソでした――と自白させるには「動かぬ証拠」が必要です。

しかし、それがない場合には、相手にジリジリ迫る以外に方法がありません。

そんな時に有効なのが、次のような「追い込み法」になります。

これを覚えておくと、ギリギリまで相手を追い詰められます。

自白に追い込むためには、「段階」を踏みながら相手の反応を見つつ、次のような手法で締め上げていくことです。これで最後に観念し自白してくれたら幸いでしょう。

**①相手に疑惑に満ちた「質問」をし、相手を凝視して「沈黙」する**

妻「あなた、何でまた、新しい下着を買ったの？　こないだ買ったばかりでしょ？」
夫「え？　わ、悪いか？　し、下着はたくさんあったほうがいいだろ……（汗）」
妻「そう？……（じっと凝視して沈黙する）」
夫「え？　お前、な、な、なんか変なこと想像してないか……？（動揺）」

**②わざと「カマ」をかけて様子を観察する**

次にさり気ないウソをついて「カマ」をかけます。
妻「あなたが、若い女と連れ立って街を歩いているのを見たって人がいるわ……」

夫「えっ？　だ、誰だよ、そんな、バカなこと言う奴は、バ、バカだな！（怒）」
妻「思い当たることあるでしょ？　あたし、変なことといわれて気分悪いの……」
夫「そ、そりゃ、部下の女性と飲みに行ったりメシ食ったりもするからな……（汗）」

ここで相手がどんな反応を見せるのか、前述した「ウソをついている人の特徴」と照らし合わせて、動揺のレベルを判断することです。その特徴的な度合いが高ければ高いほど、ウソをついている確率は高いでしょう。証拠がなくてもかなりの推定ができます。

## 上司の意見や判断に賛同できない時は？

上司の判断が、ピント外れだったり、明らかにおかしいと思う時、皆さんはどうしているでしょうか。

黙ってスルーしたのでは、承服していることになります。

しかし、「それっておかしくないでしょうか。なぜなら……」などと正面から異論を唱えるのもヤバイでしょう。これでは、上司の意見を否定して、部下の意見を通そうと、反論することになってしまいます。

上司の意見に反論は禁物です。上司のメンツをつぶすからです。仮にその場で、上司が部下の主張を認めてくれたとしても、内心では部下への反発心を潜在意識に記憶するからです。「コイツ、生意気だな」という印象を刻むのです。これではピンチに追い込まれます。こんな場面では、「承知致しました」といったん受け入れることが大事です。その続きで、「ひとつ、質問してもよろしいでしょうか?」と探りを入れます。

上司が質問を聞いてくれる段になったら「○○の場合はどうすればよいのでしょうか?」と仮定の質問を入れます。そこで上司が自分の判断の誤りに気づき、誤りを認めてくれた場合はそこで終わりです。うまく修正が図れたことにもなるでしょう。

しかし、あなたの仮定の質問によっても、上司が何ら自分の判断の誤りに気づかない場合は、ここまででオシマイです。

自分のバカさ加減がわからない上司に、これ以上質問しても、それでは盾突くことになり、最後は立場の弱さから「負けるケンカ」になります。これ以上はあきらめるよりないのです。あとは面従腹背で、できるだけうまく事に対処するしかないわけです。

要するに、上司との対話では、つねにこちらから「ノー」と言うことなく、「イエス」の姿勢で振る舞う「処世術」が一番重要ということなのです。

## 土壇場のちゃぶ台返しに対抗するには?

交渉事で、もうまもなく「契約書に調印」という段階に至って、「やっぱり、この条件では契約できませんね」などと相手が言い出したら、どうしたらよいのでしょうか。

今まで、時間をかけて交渉し、細かい条件の一つ一つを検討し、合意を重ねてきたのに、この段階で「契約できない」などと言い出すのは、まったく納得できない話でしょう。

しかし、こういう土壇場でちゃぶ台返しをされそうになっても、慌てることはありません。相手の術策にはまらないように気をつけるだけだからです。

## サンクコストの呪縛に絡めてくる交渉相手には？

交渉事は、相手との合意が得られないなら、「破談」にならざるを得ません。それでは、今までの苦労が水の泡です。しかし、ここは、冷静に考えるべきところです。交渉事には、「お願いする側」と「お願いされる側」の立場の違いがあります。

あなたが、相手に「お願いする側」の場合には、弱い立場ですが、ここでいったん「お願いされる側」になったと考えれば、見方によっては強い立場になったといえるのです。

たとえば、「あと２％だけ値引きしてもらえないと契約は見合わせたい」などと迫られたなら、「承諾するか・却下するか」の判断の主導権を握っているのはこちら側です。

こうした「土壇場のちゃぶ台返し」は、いよいよ契約できるという段階で、こちらの足元を見て仕掛けてきた罠といえます。今までの苦労が水の泡になると思えば、つい相手の条件を呑んでしまいかねないヤバイ場面なのです。

実際、不動産取引などの契約現場などでは、こういう手法を使う輩がいます。

いよいよ契約寸前という場面で、今までの長い交渉がひと段落つけられる――という安堵感漂う時に、「申し訳ないですが、やはり、あと2％値引きしてくれないなら、契約はできません」とやられるわけです。卑怯千万な相手なのです。

これは相手がこちらを**「サンクコストの罠」**にはめようとしてきています。サンクコストとは「埋没費用」のことです。これまでに費やしてきた「カネ・労力・時間」が相当します。てこずった交渉であればあるほど、ようやく契約にこぎつけた――という思いもひとしおでしょう。ここで、破談になったらヤバイと思って焦り、最後の条件を呑ませようと相手は狙ったのです。しかし、サンクコストの重さは相手も同じです。「いまさら、この段階で2％負けてほしいなんて、そんなの無理ですね」と、こちらもシレっと突っぱねればよいだけです。すると、相手も「お願いする側」として、「サンクコストの呪縛」に陥っていますから、あっさり引き下がるよりなくなります。

こんなピンチの時には、相手の置かれた立場も、よーく考えればよいだけです。

SKILL 15

# 相手の本音や性格を見抜くスキル〈身体編〉

## 「脳内の思考」は表情や身体の動作に現れる

人は誰でも「この相手は、本音ではどうなんだろう?」などと社交辞令に隠された真意を知りたくなったり、「あの時、相手の心が読めていれば、もう少しやり方を変えられたのに……」などと後悔することがあるものです。

人には、「オモテの顔」と「ウラの顔」があるのですから、当然なことでもあります。

「顔の表情」「しぐさ」「身振り手振り」「口癖」「言動の傾向」「服装」……などなど、いろいろな局面から、人の心を読み取るコツを覚えておきたいものです。

人は、興味のあるもの、好きなモノに接した時には、瞳孔が開くことが知られています。この時、瞳孔だけでなく、眉がやや上がり、目を見開くような感じになることが多いのです。瞳孔の拡大は小さすぎてわかりにくいので、目や眉に注目すればよいでしょう。

会いたかった人に遭遇した時には、うれしくて、このように、目を大きく開き、眉が上がります。また、両方の手のひらも相手のほうに向けられる形で、指と指の間が開いて解放された感じになることも多いでしょう。

相手と相対した時に、相手の人が、あなたを歓迎する人なのか、そうでもない人なのか、この出会いの一瞬で相手の心がわかるのです。

ということは、あなたが誰かに会う時にも、自分の顔の表情に気をつけないと、相手の潜在意識（本能）の記憶に、あなたの出会いの印象が、瞬時に刻まれるわけです。

それによって「とても感じのよい人」とか、「何か自分に警戒心をもっている人」などの印象が、潜在意識の奥底に深く沈んでしまう——と思ったほうがよいのです。

## 黒目の左右への動き方ひとつで「真実」が見極められる

ところで、顔の中でも、黒目の動きひとつで、脳内イメージがわかる——という研究が昔から盛んに行われてきました。

たとえば、相手と向き合った状態で、相手の黒目がどう動くかで、脳内の思考メカニズムが現れる——とされているのです。

「昨日の夜は何を食べましたか?」と尋ねた時に、向かい合った相手の目が、こちらから見て、右方面に動いた場合は、「過去の記憶」を辿っています。

しかし、左方向に動いた場合は、「創像している」というのです。

つまり、左方向に動いたら、正直に「カレーライス」を食べたと言わずに、「昨日はしゃぶしゃぶを食べました」などと、ウソの答えを創りだしている可能性が高いのです。

人によっては、この目の動きが、左右で逆になっている場合もありますから、どちらに動くのかを、事前に確認しておくとよいでしょう。

親しい間柄の人なら、相手に「過去の質問」をしたり、「未来の質問」をすることで、目がどちら方向に動くかを観察できます。その傾向をつかんでおくことで、いざという時にする質問で、相手の本音がつかめます。

たとえば、妻が夫に、「あなた、昨晩は残業だって言ってたけど、本当は浮気してたんじゃないの?」などと夫がギクリとするような質問をすると、「いや、10時まで残業だよ。ま、ちょっと帰りに軽く一杯ひっかけたけど……」などとうろたえて答える時に、「過去の記憶」を辿る方向でなく、「創像している」方向に黒目が動いたら、怪しいと考えてよいでしょう。

何かを隠したがっていることが窺え、何らかのウソの答えを探っている可能性が高いからです。

「創像している」という左方向に黒目が移動したら、「ふーむ、どうも残業はウソらしいな」などと見当がつくわけです。

目の動きについては、さらに細かい分類もあります。

向かい合った相手の黒目が、左上方向の場合は「視覚的な創像」、左に水平に動く場合は「聴覚的な創像」、左下方向の場合は「嗅覚や触覚、味覚などによる体感的な創像」とされており、右上方向の場合は「視覚的な記憶」、右に水平移動の場合は「聴覚的な記憶」、右下方向の場合は「記憶による思索」を辿っている――とされています。

もちろん、これが逆の場合の人もいるのです。

目は口ほどにものをいう――ということでしょうか。

## 身ぶり・手ぶり・動作で見分ける性格特性

会話中に、頬を手で触ったり、耳たぶを指でつまむ、こんな癖のある人は、意外にもサービス精神旺盛な人で、話を面白く「盛る」傾向のある人です。

こちらを喜ばせたいという思いが強く、またナルシストでもあります。

会話が盛り上がったところで、お願い事や相談事をすると、親身に請け合ってくれる人でもあるでしょう。

また、会話中に目をつぶったり、目をこすったりする人は、本音を読み取られたくないという無意識の動作ゆえに、かなり警戒心の高い人です。

十分に安心させてあげないと、なかなか同意を得たり、本音の話が出来ない人とされています。

さらに、会話中に両手で両頬を覆うようなしぐさを見せるのは、女性に多い動作ですが、これはこちらに共感したいという気持ちの表れの動作です。

こういう人は、自分の立場が尊重されていると思えば、どんどんこちら側に本音を語ってくれるはずです。

## テーブル下の足先の向きで「気持ちの在りよう」が判断できる

さて、テーブル越しに相対する相手との会話中に、テーブルの下に隠されている相手の足を、ひょっこり覗いてみると、相手の気持ちがわかります。

テーブル下の足の状態は、意外にも無防備だからです。

両足が揃って、靴底がちゃんと床に着き、こちら側にキレイに向けられていれば、真面目に対応しようとしている時です。

しかし、片方の足先が床に正しく接地せずに横向きに転がっていたりするのは、こちらへの興味がない証拠です。退屈している時の状況でもあります。

さらに、両足が足元でクロスされている場合は、警戒心もなく、リラックスしてくつろいでいることが窺えます。話をどんどん詰めていっても、同意や賛同をしてくれる確率は高いと判断できます。

また、出入り口の方向に足先が向けられている場合は、交渉をさっさと終わらせて、早く帰りたいという気持ちが表れています。

## テーブル上の相手の所作で「気持ちの在りよう」が判断できる

テーブル上の動作でも相手の心境は見抜けます。

喫茶店などで、向かい合って会話している時、目の前のテーブル上のコーヒーカップや水の入ったコップなどを横にどけて、開放的にこちらと対峙しようとする人は、前向きな意識の人です。

反対に、コーヒーカップや水をどけず、そのままの人は、かなり緊張しているか、こちらへの警戒心が高い人といえます。

テーブル上で両手の指を組み合わせて、あたかも囲いを作っているような人は、こちらに心を許さず警戒しています。同意や賛同を得るのは難しい状況といえます。

## ミラーリングが自然に行われているのは「共感・同調」のシグナル

また、喫茶店などで対面で座り、無意識のミラーリングが行われている場合は、共感度が高く、会話もスムーズに盛り上がっている状況になります。

ミラーリングとは、鏡のように相手の動作と同じこと、似た動きを無意識に行う場合のことをいいます。こちらがコーヒーをすすったら、相手もすすり、こちらが首を揉んだら、相手も首に手をやるなど、無意識にこちらの動作に何となくつられてしまうことなのです。

相思相愛のカップルを観察していると、こうしたミラーリング状況を目撃することがままあるものです。ミラーリングの状況次第で、二人の関係性の深さも窺えます。

ところで、このミラーリングをわざとらしく行ったのでは、かえって「変な人」と警戒されかねません。あくまでも、お互いが意識しないような感じが望ましいのです。

たとえば、さり気なさを装って、喫茶店に腰かけたスタート時点から、相手がレモンソーダを注文したら、こちらも、「あ、私もレモンソーダがいいな」などと追随すると、相手の潜在意識下では、「同類項」「味方」といった印象が、即座に焼き付けられます。不思議なことですが、こちらが「ぼくはコーヒー」といい、相手も「私も同じくコーヒーで」という人は、こちらへの親和性が極めて高い人です。

こちらの注文にスムーズに追従する人は、早くこの場に打ち解けて、こちらと親しくなりたいという潜在意識の表れだからです。

こちらの注文に何の関係もなく、「メニューをちょっと…」などといって、あれこれ注文で悩む人は、こちらへの親和性が高くないばかりか、こちらへの興味・関心も極めて薄い人です。自己チューの傾向も窺える人なので、極力相手の意向を尊重した形で、交渉事を進めたほうがよいでしょう。

気分が乗らないと、懸案事項を放り出しても構わないぐらいの気分屋でもありますから、こちらから歩み寄って機嫌を取るぐらいの気持ちで対話するのが無難です。喫茶店で相手と向き合った時には、こうしたことをさり気なく観察してみましょう。

SKILL 16

# 相手の本音や性格を見抜くスキル〈言動編〉

## 代表的な口癖とその特徴

口癖というのは、自身で気づいていなくても、誰にでもあるものです。誰かから指摘されて、「そういえば、そうだな」と気がついたという経験をおもちの方もいるでしょう。それだけでなく、口癖というのは「言霊《ことだま》」のように、繰り返しているうちに、その人のマインドにまで影響を及ぼしていることがあります。

「○○すべきだと思うよ」などと「べき」という言葉を多用する人は、責任感の強い人ですが、逆に「まあ大丈夫だろう」「まあ、そんなところかな」「そのうち何とかなるでしょ」などの口癖を多用しているうちに、無責任気質になってきた――という事例もあるからです。

では、いくつかの代表的な口癖を分析していきましょう。

### ●「要するに〜」……相手の話を要約し、簡潔にしたい気持ちの表れですが、多用す

る人は「面倒くさがり」「せっかち」な性格で仕切りたがりでもある人です。

●**「でも」「だけど」**……相手の意見に批判的な「D言葉」です。こういう口癖の多い人は、自己愛が強く、偏狭でプライドも高く、自分の殻に閉じこもりがちなところがある人でしょう。何かと相手の主張に物言いをつけて自分の立場をアピールするわけです。

●**「どうせ〇〇だよ」**……自己肯定感の低さが窺える口癖です。物事に主体的に取り組もうという前向きさがありません。こういう人と付き合うと、振り回されて疲れます。

●**「なるほど」「確かに」**……相手に共感しているように見えますが、ただのポーズであることが多いでしょう。内心は自分の主張に固執する頑固な性格が窺えます。しかし、自立心は旺盛なタイプです。

●「**忙しくてさ……**」……他人から評価してもらいたい自意識過剰タイプです。「忙しい」という理由を聞いて、感心してあげると喜ばれます。ただし、干渉されるのは嫌いなタイプゆえに、「こうすれば楽になるのでは？」などと提案すると機嫌を損ねます。

●「**一般的には**」「**常識的には**」……自分の意見に普遍性をもたせたく、押しつけがましい性格です。チャンスがあれば、巧妙に抜け駆けで相手を出し抜いて、自分を優位に保ちたいタイプです。

●「**まあ**」……自分に自信のないタイプです。確たる考えもないので適当にその場を取り繕ってお茶を濁したい。無責任なので、秘密の約束などは守れません。

●「**絶対だよ**」「**必ず〜**」……相手に確信をもたせて、信頼を勝ち取りたい願望は強いのですが、根拠がなくてもこんな言葉を口にしてしまうので、かえって信頼性が乏しくなります。いざ自分が決断する際には、意外にも優柔不断になります。

●**「これってかわいい」**……この言葉を連発するのは女性に多いでしょう。対象物を見るや「かわいい」というのは、自分がかわいいと認められたい願望の表れです。「きみもかわいいよ」ともっとほめてあげましょう。

●**「すごい」**……やたらに連発するのはミーハー気質です。こういってさえおけば、世渡りも楽だと短絡思考しています。熱しやすく飽きっぽい性格です。

●**「やはり……」「やっぱり～」**……物事を深く考えない楽天家です。計画性に難があるので、こういう人がやった仕事はチェックが必要です。気まぐれで次々と移り気なところも特徴的です。

## 服装に現れるイメージ効果

自分の印象を左右する上で、服装の選び方も重要です。それによって、相手が受けるイメージも変わるからです。さらに、服装は、話題のキッカケづくりにも大きな意味をもちます。「○○さんは、ファッションセンスが抜群ですね。今日のネクタイ、スーツとワイシャツの色柄のコンビネーションにぴったりですもの」などと告げると、「えっ、そうかな…」などと照れながらも、相好を崩してくれるでしょう。

一般に、黒っぽい服装を好むのは、自分に威厳や権威をもたせたい願望のある人です。黒は権威や威厳、厳格さの象徴だからです。警察官やガードマンの制服、スポーツ競技のチームカラーが黒だと実力以上に強く見えます。

また、色彩心理学では、赤系の色を服装のどこか一部に取り入れると、魅力度が格段にアップすることが知られています。赤は血の色でもあり、注目度が高くなり、その人を躍動的に見せる効果があるとされています。さらに、白や水色は、清新さの象徴です。

爽やかな人柄でありたいという願望が表れています。

そして、ピンクは、かわいさの象徴です。かわいく見られたい、かわいがられたいという願望の人は、ピンクの色合いを服装や持ち物のどこかに取り入れているものです。

黄色は、やんちゃで目立ちたいという戯れ心の表れです。まだ精神的に大人として自立していない傾向のある人が、服装や持ち物に好んで取り入れます。

## 相手の秘密や本音を聞き出す心理テクニック

さて、直接に言葉を用いて相手の真実に迫る「心理テクニック」もご紹介しましょう。言葉を**プライミング効果（呼び水効果）**として、相手の思考を自在に操れるからです。

● **「一般論ですが」「たとえばの話ですが……」**

会話を交わしていて、これ以上は秘密にしなければいけないと思った相手は、核心に迫られると口ごもり、「これ以上はちょっとね……」などと防波堤を築きます。そんな時には、「じゃあ、一般論でよいのですが」とか「じゃあ、例えばの話ですが……」などと、一見ちょっと違う話のようにして、少し角度を変えた質問をすると、真実の答えに近い回答がポロリと零れ落ちるものです。

「じゃあ、仮の話なんですが……、御社の年収は30代後半には８００万円台に載るって聞きましたけど、どうですか？」などと相手に振るのです。すると「いやあ、それは昔の話ですよ。今は40代の半ばにならないと年収８００万は無理ですね」などと、相手の年収という知りたい答えがこぼれ落ちるものなのです。

また、わざと間違った質問をすることでも、真実の回答が得られることがあるものです。人は、間違った決めつけをされると訂正したくなるからです。

たとえば「御社の○○製品の製造原価は、30％そこそこって聞きましたよ。めっちゃ儲かってるんですよねえ」などと言えば、「いやいや、とんでもない。心臓部に○○という高性能部品を取り入れてますから、原価は55％近くにまで迫ります。そこから人件費やら何やら経費を乗せると、儲けなんてほとんど出てませんよ」などと、ありがたく訂正してくれて、原価の秘密まで迫れてしまうのです。

他にも、「それってホントなんですか？　ウソみたいな話じゃないですか」などと、相手の話を疑い、否定的な対応をすると、相手は反発して、「本当に決まっているじゃないですか。だから今でも○○の失敗が大きく足を引っ張っているんですよ。その後遺症なんですよ」などと真実を教えてくれます。

また、有名な本音の聞き出し方では、「実はですね、ここだけの話ですが、○○が○○で、これこれになったんですよ」と自らが自己開示して、相手の返報性を誘うという方法もあるでしょう。

ダミーの秘密を開示して、相手から情報を引き出すというのも駆け引きでは常套手段になっています。

おだてて、本音を誘導する手口もあります。

**男**「きみぐらいモテモテだと、10人以上の男性と付き合った経験はあるよね？」
**女**「やだ、そんなに多くないわ。まだ4人としか付き合ったことないもの」

## 人を動かす言葉を使おう

なお、この項目のまとめとして簡単な「言葉のテクニック」も覚えておきましょう。

モノを頼む時には、一言ほめて伝えるようにすると何事もスムーズになります。

「課長の今日の靴カッコイイですね。あ、ここに承認印お願いします」

また、命令形に近い言葉をやめ、「意向打診型」のセリフにするとマイルドです。

「今日中に仕上げてくれよな」→「今日中に何とかできないだろうか？」

そして、他人の言葉を使ってほめると、信憑性が増します（**ウィンザー効果**）。

「こないだ課長が、きみのことを、仕事が丁寧で早いってほめてたんだぜ」、などと、ちょっとした工夫で、周囲の環境もぐんぐん向上していくのです。

SKILL 17

# 無理な要求や誘いをシャットアウト!断り上手になるスキル

## 真面目な人ほど「断り下手」で、他人に利用されやすい

世の中には、無理な要求や、強引な誘いをかけ、こちらの弱みに付け込んで、自分の思い通りに事をすすめようとする厄介で、我儘な輩がいないわけではありません。

そうした要求を上手にかわす対応ができないと、何度もイヤな思いを味わったり、余計な重荷を背負い込むことにもなりかねないでしょう。

ああ、どうしてあの時スッパリ断われなかったのだろう——とのちのち後悔するようなことは、根源からなくしていかなければならないわけです。

ここでは、今後の人生をよりスムーズに泳いでいくためにも、断り上手な人になり、不本意な要求や依頼から、自分自身を守っていく方法について紹介していきます。

ところで、他人からの依頼や要求を断り切れずに、何でも引き受けてしまう人は、とても「善人」といえます。

なぜなら、自分のほうの都合や事情より、相手側の都合や事情を優先してあげるわけ

ですから、「利他の人」といってもよいでしょう。

ただし、自分を頼られたからといって、それに無条件に応じるのは、自分にも相手にも、誠実な態度とはいえません。

頼りにされるのと、他人の手足のように利用されるのとでは、意味が違います。内容次第ですが、いつもそれでは、多くのシーンで他人の犠牲になる人生を選ぶことに他ならないからです。

他人が浮かんで、自分が沈むのです。

人間関係をうまくやらなければ——と真面目な人ほど、本音を押し隠し、嫌いな相手とも笑顔で接し、イヤなことでも「NO！」といえず、心と裏腹な態度で、相手のご機嫌伺いをしてしまいがちです。

こんな人たちの心には次のような強迫観念が満ちています。

- 断ることで、相手の気分や感情を害したくない。
- 断ることで、今後の商取引が中断されたら恐ろしい。

- 断ることで、相手に嫌われたくない。
- 断ることで、敵対されたくない。
- 断ることで、仲間外れにされたくない。

こんな不安な気持ちがいろいろと渦巻いていることでしょう。

## 断り方の基本「4ステップ」を身に付けよう

まずは、そうした邪念を捨てて、正攻法の断り方を覚え、その手順を踏んで、不本意な頼まれ事には、礼儀正しい態度で、断っていかなければなりません。

断わり方がきちんとしたステップを踏んでいれば、相手からの依頼や要求を断ったからといって、人間関係にヒビが入ることもないのです。

そのへんをしっかり理解して、断るべき時には、正攻法で断らなければいけません。

断り方の順序は以下の通りで、基本は**3ステップ**です。

ただし、代替案がある場合は、それを付け加えることで**4ステップ**になります。

- **ステップ1…（謝罪）＝**「申し訳ないですが…」
- **ステップ2…（断り）＝**「値引きには応じられません」
- **ステップ3…（理由）＝**「新製品だからです」
- **ステップ4…（代替案）＝**「旧モデルでしたら検討できますが」

これが基本パターンです。基本パターンに沿って、シミュレーションしてみましょう。

飲み会に誘われた場合の断りは、「悪いけど、あいにく今日は用事があって参加できないよ。明日だったら、よかったけど……」

上司から、急な残業要請があった時の断りは、「申し訳ありません。今夜は大学時代のゼミの恩師を囲む会に幹事として出席する予定です。残業は無理ですので、明日の朝、早めに出社して対応したいと思いますが……」

お気づきかと思いますが、こうした断りたい時のシーンに備えて、「正当な理由」をあらかじめ「創作」しておくことも重要です。

「今夜はどんな用事なの？」と飲み会に誘う同僚に突っ込まれたら、「ちょっと親戚のアクシデントがあって……」などと口を濁します。

また、残業を要請する上司から「きみの大学のゼミって何だったの？ 教授の名前は？」などと突っ込まれた場合には、「経済関係のゼミで、その時の佐藤教授がまもなく退職されますので……」などとごまかしましょう。

それゆえ、このように突っ込まれた時の答えも、あらかじめ架空のものを用意しておくことが安全なのです。

たとえば、町内会の役員をやっていて会合があるとか、マンション管理組合の役員をやっていて会合があるなど、やや公的な性格の集まりを理由に断れるように、自分の私生活上の創作ストーリーをシミュレーションしておくことも大事でしょう。

それなら、すぐにもそういう事情を口にできます。

うっかり、「今日は友達との飲み会の先約があって」とか、「彼女とのデートでレストランを予約しているから」など——はＮＧなのです。

ハッピー系の断りの理由は、妬まれかねないので避けたほうが無難だからです。相手の依頼を断わる時には、何でも正直に告げればよいということにはならないのです。ウソも方便です。上手な「断りのウソ」を日頃から準備しておきましょう。

## こんな場面での「依頼」や「要求」には気をつけよう

あなたを自分の思い通りに操りたいと思う人は、あなたに「ノー」と断られないよう、いろいろと策を弄してくる場合があります。

### ●同情を買わせられて借金を頼まれた場合の「断り方」

「先月失業しちゃった上に、子供が病気になり、カミさんも交通事故に遭って、どちらも入院して、生活費と医療費に本当に困ってるんだ。50万円ほど貸してくれないか?」

友人からこう切り出されたらどうでしょうか。

気の毒ですが、こういうケースで個人間での貸借関係に陥ると、後々お金が返ってこないケースが容易に思い浮かぶことでしょう。

しかし、ここで友人の申し出を受け入れないと、友情にもヒビが入るかと思い、貸すか貸さないかで悩んでしまう人も少なくないはずです。

こんな時には、「すまないけど、きみに貸してあげようにも、僕にも借金があって、毎月その返済に追われていて、今はとてもお金を工面することはできないよ。たしか、きみのような困った事態の時には、公的支援制度なんかもあるのじゃないかな。インターネットで調べてみたらどうだろう。ホントに力を貸せなくて申し訳ないけれど……」

このように断ることがベターでしょう。

こういう借金の依頼が来ないよう、日頃から、株で儲かったとか、貯蓄が５００万円あるとか、宝くじで１００万円当たった――などと自慢話を吹聴していないことが大事なのです。

## ●上司から、子供の連帯保証人を頼まれた場合の「断り方」

職場の上司の中には、非常識な人もいるでしょう。職場での上下関係を笠に着て、部下に無理な頼み事をしてくる場合です。

「先月、うちの息子がイタリアで料理修業をして帰国したけど、今度イタリア料理の店をオープンすることになってね。ただ、私の連帯保証だけじゃ、銀行が開店資金の融資にＯＫしてくれないのだよ。きみさ、絶対に迷惑をかけることはないから、きみもうちの息子の連帯保証人になってくれないか？」

こんな恐ろしい要求をされたら、部下として返答に困ります。

世の中には、「絶対に迷惑をかけないから」という言葉を信じて他人の連帯保証人になり、数千万円の負債を背負って、人生を棒に振った人が大勢います。

こんな時には、「申し訳ございません。部長には日頃からお世話になっていて大変恐縮なのですが、実はうちの祖父が、昔連帯保証人になって、全財産をなくすという大変な事件が過去にあり、以来うちの家では絶対に連帯保証人になってはいけないという家訓があります。申し訳ないですが、祖父の遺言を破るわけにはいかないので、うちの家訓をご理解くださいませ」などと言うのがベターでしょう。

## ●高額プレゼントをしてきた男性からの求愛への「断り方」

職場や得意先の男性に義理チョコを配っただけなのに、ホワイトデーになると高額のブランド品のバッグをプレゼントされたりすることがあります。

ここぞとばかりに「求愛のシグナル」を送られた場面なのですが、こんなケースではどう対応したらよいのでしょうか。

もちろん、キャバクラ嬢なら、お客からのこんな貢物には大喜びして、換金してしまうケースでしょうが、一般の女性の場合はどうしたらよいのか困ってしまう場面なのです。

喜んでもらってしまってよいものか、それとも送り返して拒絶の意思を伝えるべきなのでしょうか。

これについての正解は、バッグはもらっておいて、手紙で拒絶の意思を伝えるとよいでしょう。

「こんなに高価な、思いもよらないプレゼントに当惑しました。

いただく理由がないと思ったので、お返ししようと思いましたが、せっかく私にと選んでいただいたものなので、○○さんの私へのお気持ちとして、ありがたくお受けすることにしました。

ですが、私にはお付き合いしている人がいますので、このことだけはお伝えしておきます。○○さんも、早くよい人が見つかることをお祈りしています」

とまあ、こんな趣旨の手紙を送ればよいでしょう。

もしも、高価なバッグを勝手に贈ってきた勘違い男が逆上して、「バッグを返せ！」と言われたら、返してやるだけなのです。

## ●酒癖の悪い人との同席を途中でやめる「断り方」

上司と部下の2人だけで、飲みに行かざるを得ない場面もあるでしょう。あなたが部下の場合なのですが、その上司が「酒癖の悪さ」で有名だったら、どうしたものかと迷うことでしょう。

こんな時は、どうしたらよいのでしょうか。「今日は用事があって」と断ればよいのですが、「仕事のことできみに伝えたいこともあるから……」などと言われると、付き合わざるを得ないシーンになる場合もあります。

酒癖の悪い人と酒席を共にする場合は、上司が酔っぱらう前に、「明日の朝が早いもので…私はこのへんで失礼いたします」と告げて、さっさと逃げることが正解です。

しつこく引き留められても、「いや、ホントにこれ以上は…」と去るのが一番です。

相手は、もう酔い始めていますから、上司を振り切って帰っても、ろくに覚えていないから大丈夫なのです。

引き留められて、最後まで付き合っていたら大変なことになってしまいます。さんざん絡まれた挙句、道路上でゴロンと横になられたり、タクシーに乗せようとしても乗車拒否に遭うことでしょう。泥酔者に対してはタクシーも乗車拒否が認められています。

また、路上に寝転んだ上司を、これ幸いとばかりに放置して逃げると、犯罪になりかねません（刑法２１８条・保護責任者遺棄）。

酒癖の悪い人にいつまでも付き合っていると、相手はますます醜態をさらし、暴言を吐き、前後不覚に陥ります。

## ●酒癖でセクハラしてきた相手への「断り方」

個室居酒屋の酒席で上司と二人きりでいる時に、相手がセクハラに及んできたら、どうやって拒絶すればよいのでしょうか。

たとえば、上司が非正規雇用のあなたに対して、「きみもそろそろ正社員にしてあげないといけないね」などと囁《ささや》きながら、あなたの腕をつかんで自分に近づけてきたり、肩をつかんで離さないなどの実力行使で「きみも非正規のままじゃ、いろいろ困るだろう?」などと口説いてくる場面はどうすべきでしょう。

こんな場面では、キッパリと撥ねつけて、「やめてください」と言わねばなりません。そして、あらかじめ仕込んでおいたボイスレコーダーのスイッチを押すか、携帯のレコーダー機能をオンにすることです。

「やめてください」と拒否しても、相手がやめない時は、「これに全部録音してますよ。私、帰ります!」といって席を立つことです。その場にいるとボイスレコーダーや携帯を取り上げられかねないので、さっさと逃げるのが正解です。

危ない相手との酒席の時は、最初からレコーダーを回しておけば安心なのです。こうして証拠を残しておけば、あとからいかようにも使えるからです。

いかがでしょうか。いろいろな「断り方」のパターンを見ていただきましたが、日頃からそうしたシーンに備えて、「断り方」のシミュレーションをしておくことが大事なのです。

そして、無茶な要求や依頼をされた時には、上手なウソをついて断るべきことも覚えておきましょう。

SKILL 18

# パワハラとは言わせない部下を上手に叱るスキル

## なぜ「叱ること」が大切なのか？

近頃では部下を叱責すべき時に、「下手すりゃパワハラ呼ばわりされかねないから注意できないよ」――などと嘆く上司がいますが、考え違いも甚だしいのです。

これは管理者である上司の責任逃れの言い訳であり愚痴にすぎないでしょう。

相手のよいところを評価して「ほめること」が、「お世辞」や「オベンチャラ」「ゴマスリ」などと違うように、「叱ること」は、「怒りをぶつけること」でもなければ「罵倒すること」とも異なります。いわんや、ストレス解消のはけ口でもありません。

職場の上司は、職場の規範を守り、生産性を向上させる責務を負っています。

部下のミスやしくじり、怠慢といった行為を黙って見過ごすわけにはいかないのです。

ゆえに上司は、部下の失敗の原因を辿り、次にミスがないよう指導・督励する必要があるのです。その結果として、部下がやる気をもってチャレンジしてくれるようにすることが求められるのです。つまり、叱ることで部下を成長させるのです。

## 叱る時のルールとは？

ところで、「叱ること」は、「ほめること」よりも難しいものです。

叱っているつもりが、怒っている状況になりやすいからです。感情的になると、「叱る」ではなく「怒る」です。これでは相手の共感を得られず、反感を募らせかねません。

まずは、叱る時の「3つのルール」を心得ておきましょう。

**①虎の威を借りない**……………「社長がこういうのは駄目だと言ってるだろ？」
「私でよかったな、部長が知ったら大変だったぞ」

**②性格や能力に言及しない**……「きみの性格が暗いから、こうなったんだよ」
「どこの大学を出たんだ？　こりゃ中学生レベルだ」

**③過去の失敗を持ち出す**………「あの時の失敗もそうだったよな、どういうことだ」
「何回、オレの顔に泥を塗れば気がすむんだよ」

①は無責任な上司です。上司としてのプライドもメンツもあったものではありません。
②は、部下の人格を踏みにじっているだけです。
③は、卑怯なエンドレス攻撃です。ネチネチと部下をいたぶるのが習性のようです。
こんな事例は、タチの悪い上司が部下に「怒り」をぶつけているだけで、ミスや失敗を指摘される部下のほうも、内心では上司への恨みを蓄積するだけでしょう。

叱る目的は、部下の行動を改善させ、その成長を督励することでなければいけません。

## 自分の行動に自信がなければ他人を叱れない！

正攻法で部下を叱るには、上司も確たる信念をもって、仕事に取り組んでいなければなりません。口先だけ偉そうに、上から目線で部下を叱責しても、部下が内心で「お前だって、いつも怠慢だろうが……」などと思われていたら、意味がないからです。

上司として、自らも「規範」を守り、日常的に、正々堂々と前向きに仕事に取り組んでいなければならないのです。

叱る人の責任ある行動があるからこそ、部下を叱ることもできるのです。

## 叱る時のタイミングも大事

叱る時に大事なのは、タイミングです。基本的には、「常識」や「マナー」に反する行為は、その場で指摘して、改善を促さなければいけません。

「不可抗力であっても、少しでも遅れる時には、前もって連絡を入れなさい」

「きみの電話でのやり取りだけど、敬語の使い方を間違っていたよ。正しくは○○だよ」

「さっきの接客時のきみのうなずき方だけど、あれでは不躾《ぶしつけ》でお客様に対して失礼だよ」

こんな具合に、具体的なポイントを短く指摘して、たしなめることが重要です。

また、ミスの原因が根源的なところの場合には、時間と場所を変えて行いましょう。

## 「ケアレスミス」と「怠慢」によるミスの叱責の仕方は?

ついうっかりのミスと、怠慢によるミスは違います。

ただし、ここで叱責する場合には、もう一度、上司である自分の指示の出し方が悪かったのではないか——という「振り返り」もしてみるべきです。

どこかで部下に勘違いを生じさせたのでは?——と責任の一端が自分にもあるかもしれないといった謙虚な気持ちで、部下と向き合うべきだからです。

単純なケアレスミスは、その場で原因を指摘して改善を図るべきですが、ここでもケアレスミスが何度も続くと上司は苛立ちを覚えます。しかし、「またかよ、お前、バカじゃないのか?」「なんべんやりゃあ、気がすむんだよ!」などと言う罵声は禁句です。

深呼吸して、「ミスしない方法を考えて報告してくれないか?」と問うべきです。

怠慢による部下のミスの場合は、上司も頭に血が上りがちです。そんな時は、自分の頭を冷やす意味でも、「きみ、ちょっと会議室に来てくれ」などと場所を変えて、じっくり部下と向き合うようにすることです。部下も「事の重大性」を認識するはずです。

## 相手のタイプによって「叱り方」にもバリエーションをもたせる

部下を叱る時の「叱り方」のバリエーションにも気をつけたいものです。

状況にもよりますが、ミスだけに焦点を絞って指摘するだけでなく、日頃の「よい評価」があるなら、それをミックスさせて、「ほめ」を入れて叱ったほうが、部下の「気づき」が深まることもあるからです。

「いつものきみらしくないいな」「接客上手なきみにしては珍しいミスだね」

こんな導入の言葉があると、ミスをした部下の心もほっこりするからです。

「ほめ」と「ほめ」のサンドイッチではさむ「叱り方」もあります。

「いつも業績評価の高いきみが、○○のミスをしたのには驚いたよ。まあ、きみのことだからもう対策も講じてるよね。いちいち気にしないでいつも通りに頑張ってくれ」

「さっきの接客を見ていたけれど、さすがだね。ところで、たった一つだけ、優秀なきみにも、ひとつの課題を見つけたんだけど、きみの事だから、もうわかっているよね？」といった誘導で「気づき」を与えるのも一法でしょう。自分で考えてもらえば、こちらから指摘するまでもないからです。

「叱り方」で難しいのは、こちらは軽い指摘のつもりだったのに、本人が重大に受け止めて、すっかり落ち込んでしまうといった事態です。そうならないためには、本人の性格や気質をよく観察しておくことが大事でしょう。

「陽気で明るいタイプの部下」には、くどい指摘や叱責でなく、短く要点を突いた内容で伝えるべきでしょう。また「内気でおとなしいタイプの部下」には、「ほめ」をよく利かせた、本人の存在を十分尊重しているといったフォローをまじえながら問題点を伝えるのがよいでしょう。そして、冷静で論理的なタイプの部下には、目に見える数値などのデータを示し、一緒に考えてもらう「叱り方」のスタイルが望ましいでしょう。

また、最近増えている「年上の部下」の場合には、人生の先輩という敬意を忘れずに、的確な事実のみを示し、「手を打っていただけますか？」と解決をお願いすることです。

なお女性の場合には、人目のないところで叱るなど、恥をかかせない配慮も重要です。

SKILL 19

# なぜか相手に嫌われている……そんな時の一発逆転！挽回スキル

## 誰かに嫌われているのは大変なストレスがかかる

すでに〈スキル6〉でお伝えしましたが、人が人を嫌いになる原因には、「軽蔑」や「嫉妬」「裏切り」……など7つほどの要因が関わっているとされます（54ページ）。

しかも、一つだけの要因でなく、いくつもの理由が重層的に絡まって、誰かのことが大嫌いだ――などという場合もあるわけです。

すでに**「返報性の原理**（18ページ）**」**でお伝えしましたが、好意を抱く人には「好意」が返報され、悪意を抱く人には「悪意」が返報されるのが、人間社会の摂理でもあります。

したがって当然ですが、あなたを嫌っている人の存在に対しては、あなたも嫌いで苦手だし、避けて通りたい相手――ということになっているはずです。

これは、とてもストレスのかかる状況です。学校や職場、住居の近隣などに、こういう人がいたら心落ち着かないからです。どうにかして、こうした状況を打開できないかと思い悩む人は少なくないはずなのです。

## 自分を嫌っている人にはそもそもアプローチがむずかしい

あなたを嫌っている人は、あなたに対して「何らかの脅威」を感じている人です。人は、安心できない人を嫌うからです。ゆえに相手のあなたに対する「脅威」を取り除いてやらなければ、相手は永遠にあなたのことを嫌ってくるのです。

そして、状況によって、嫌いなあなたに対しては、足を引っ張ったり、嫌がらせをしたり、イジメを行うといった攻撃的な振る舞いをするようにもなるのです。

前述したように、これは相当なストレスです。

何とか、自分を嫌うのをやめてほしいと思うものの、**「返報性の原理」**であなた自身も相手を嫌いになっていますから、そんな相手に近づくことさえイヤなはずです。

すでに〈スキル2〉で、誰かと仲良くなるためには「ザイアンスの法則」を実践することをおすすめしました（19ページ）。また、「共通項・類似性の原理」で、相手の興味・関心のある分野を自分にも取り入れて、相手とその分野で共感・同調して仲良くなっていく方法についてもお伝えしました（21ページ）。しかし、相手に容易に近づくことさえままならなければ、これらの方法を実践するのさえむずかしいでしょう。

そんな時に、一発逆転で相手から自分への「脅威」を取り除く方法があるのです。

## 「認知的不協和の状態」を活用する

それが、**「認知的不協和」**という心理作用の活用なのです。

「認知的不協和」とは、文字通り「認知」が不協和を起こしている状態のことです。

どういうことかといえば、人は自分の認知が歪むことを不快に思う習性があり、「認知的不協和」は、自分の考えや認識が正しくなくて整合性が取れない状況なのです。

たとえば、喫煙は今や有害――ということは世界の常識です。しかし、ニコチン依存症でタバコをやめられない人も大勢います。禁煙できない人は、認知が不協和に陥っています。これは不快な心理状態ゆえに、この「認知」のほうを変えようと試みるのです。

「ヘビースモーカーでも長生きの人は多い」「喫煙はストレス解消に非常に有効」といっ

た具合です。こういうふうに、「行動（禁煙）」を変えられない人は「認知」のほうを変えるわけです。それで心の安定を得ようとするのです。

## ベンジャミン・フランクリンの心理法則とは？

ベンジャミン・フランクリンは、米国の百ドル紙幣の肖像画にもなっている、建国の父と讃えられ、科学者であると同時に政治家でもあった人です。

この人が残した著述に、非常に面白いエピソードがありました。

概略は次の通りで、彼がまだ地方議員だった頃の話です。

特定の議員から、どういうわけか、フランクリンは徹底的に嫌われ、激しい敵意をむき出しにされ、ひどく難渋していました。そして嫌われる原因さえわからないのでした。

ある時、フランクリンは一計を案じ、その敵対する議員に対して礼儀正しい手紙を書き、その議員が所有している珍しい本を貸してほしい——と依頼したのです。

通常であれば、人は嫌いな人に本を貸したりはしないでしょう。これがミソです。

しかし、この時は幸いなことに、フランクリンはその本を貸してもらうことができたのでした。そして1週間後、フランクリンは丁重な御礼の言葉を綴った手紙と一緒に、借りた本を返却しています。するとそれ以降、今までフランクリンに敵対的態度だった議員は態度を180度変え、フランクリンと親しく会話するようになり、ついにはフランクリンの強力な味方となり、生涯の友にまでなったという逸話なのです。

一冊の本を借りただけなのに、どうしてこんな奇跡のようなことが起きたのでしょうか。これこそが**「認知的不協和」**という心理作用の活用だったのです。

嫌いな人からの頼み事は断るのがふつうですが、フランクリンの礼儀正しい手紙が功を奏して、敵対する議員は本を貸しました。すると、この議員は「認知的不協和」の状態に陥ります。「何であんな奴に本を貸したのだろう？」という状況です。この状況は非常に不快なため、議員は「認知」を変えたのでした。「礼儀正しくて良い人物だったから、本を貸してあげたのだ」という具合です。このように、自分を嫌う相手には礼儀正しく近づいて、何かを借りたり、教えを乞うなどで、そのあと丁重にお礼をすることが「一発逆転」のチャンスにもなり得るわけです。覚えておいて損のない心理法則です。

SKILL 20

# 激昂して向かってくる人をスマートに落ち着かせるスキル

## 自分の「人権」は率直な声をあげることで守れる

すでに、〈スキル6〉（52ページ）や〈スキル7〉（62ページ）の「苦手な人から自分を守る」という防御方法のところでお伝えしましたが、あなたを攻撃してくる人に対して、怯《おび》えて萎縮したり、反撃に打って出るといった「パッシブ対応」や「アグレッシブ対応」は不適切です。第3の対応である「アサーティブな対応」こそとるべき手法になります。

復習になりますが、「アサーティブ」とは、「対等な立場における自己主張」のことです。不快なことには「やめてください」と冷静かつ率直に声をあげ、相手に「YES・NO」の意思表示をすることが、「モノ言う人間」であり「言いなりにならない人間」という「自己の人間性＝人権」を守る主張に他ならないからでした。

相手に卑屈になって隷従《れいじゅう》したり、こちらも反撃を加えてやり返すといった対応では、その関係性が継続するからで、相手のペースに合わせる「ペーシング（同調）」でなく、適度な節度を守った「ディスペーシング（反同調）」こそが望ましいのでした。

## 「卑屈」や「従属」の対処法は禁物

ところで、人が怒る——というのはどういう現象なのでしょうか。

自分をコケにされた——という思いが激情を呼びます。

コケにされる——とは、軽視だったり、否定だったりといろいろありますが、自分をないがしろにされたと感じたことが、不安や恐怖の心理へ結び付いてしまうからに他なりません。自分の存在否定に、人は耐えられない恐怖感をもつのです。

この心理を跳ね返し払拭するべく、人は、その原因をつくった相手に向かって怒りを爆発させるのです。つまり、怒りの心理メカニズムは極めてシンプルなのです。

そして、こちらの激情に慌てた相手が、こちらの怒りを鎮めようと、恐縮して謝罪の言葉をかけてきたり、ヘイコラ隷従する態度をとり続けようとするわけです。

もちろん、このパターンを悪用するべく、「怒り」を演出して襲いかかってくるのが、

「ヤクザの脅し」や「悪質クレーマーの主張」だったりするのは、ご承知の通りです。

ところで、いずれの場合でも、いつまでもヘイコラして頭を下げ続け、「申し訳ありませんでした」などと、従属的態度をとり続けるのは得策ではありません。

いったんペーシングで従属的態度を示すと、相手は本来の目的である究極の謝罪ともいうべき「金品などの戦利品」などが手に入るまで粘り続けることがあるからです。

「どうしてくれんだよ」だとか、「誠意を見せろよ」などと要求するのが、こうしたケースの常套手段でしょう。あるいは、「詫び状を書け！」などというでしょう。

つまり、オトシマエをつけろ——というわけです。

## 激情を制止し、怒りを鎮静化させる「魔法のセリフ」とは？

こんな場面で、「ペーシング」から、「ディスペーシング」へ転換させ、相手の怒りを鎮静化させるのに便利なのが、「現況の異常さを指摘する制止のセリフ」「感謝のセリフ」「逆質問のセリフ」といった次のような文言になります。

これが、興奮する相手へ「冷や水」を浴びせる効果を発揮してくれるのです。

**《現況の異常さを指摘する制止のセリフ》**

- 「ちょっと待ってくださいよ。どうしてそんなに怒鳴るのですか?」
- 「お客様、大きな声で怒鳴るのはやめてください」
- 「十分聞こえていますよ。声が大きすぎです。周りに迷惑ですから」
- 「お客さん、そんなに興奮しないでください」
- 「静かに落ち着いてお話くださいませ。フロア中にお声が響いています」
- 「もっと冷静にお話いただけないでしょうか?」

**《感謝のセリフ》**

- 「お客様、いつもご利用いただきありがとうございます」
- 「部長、いつもご指導いただきありがとうございます」
- 「お客様のご指摘、ありがとうございます。日頃のご愛顧に心より感謝申し上げます」

●「課長のお怒りは、ごもっともと存じます。お叱りをいただいて感謝感激です」

**《逆質問のセリフ》**

●「お客様は何をお望みなのでしょうか？」

●「部長、私にいったいどうしろとおっしゃるのですか？」

●「いったい、あなたは、何を、どうされたい、というのですか？」

●「お客様のおっしゃる『誠意』とはどのようなものを指しているのでしょうか？」

いかがでしょうか。

まずは、最初の「現況の異常さを指摘する制止のセリフ」ですが、このセリフはかなり効果的です。自分の異常な現況（怒鳴る・威嚇する）を冷静に指摘されると、人は誰もがひるむからです。穏便な態度ではない、非常に稀有《けう》で異常な態度であることへの指摘ですから、自分を鏡に映し出されたようにさえ感じ、バツの悪い思いにも駆られるのです。

ゆえに怒りも、トーンダウンせざるを得なくなります。

また、次の「感謝のセリフ」も、怒っている人の意表を突くため、極めて有効です。怒られて萎縮している側の口から、いきなり「感謝のセリフ」が飛び出すのは怒る側をも面食らわせます。「感謝のセリフ」は人の承認欲求を最も満たす言葉だからです。

「バカヤローッ！」と怒鳴ったあとに、「ありがとうございます」と相手に応じられたら、続けて「バカヤローッ！」と言えなくなるのが、ふつうの人間なのです。

この場合も、唐突な「感謝のセリフ」に、ついうろたえてしまい、相手は怒りを継続させられなくなる可能性が高いでしょう。

たとえば、実家の母親から電話でいちいち小言を並べられている時に、「お母さん、いつもありがとう。感謝しているからね」と応じると、母親の小言も止まるものです。

子供から感謝の言葉を返されると、たいていの親は今までの苦労を労われるような感情にほだされます。親からの叱責が多すぎるとお嘆きの方は、ぜひ一度お試しください。

そして、最後の「逆質問のセリフ」も、怒りが充満し混濁している相手の気持ちを一気に覚醒させる効果があります。「何をお望みですか？」という直球の質問だからです。「金品による謝罪」といった見返りを要求したい悪質クレーマーの場合は、「うっ！」と言葉に詰まる瞬間でしょう。「どうしてくれる」「誠意を見せろよ」などと迫っていても、自分の口から要求を繰り出せば、「恐喝未遂」や「恐喝」になることをよく知っているからです。

職場の上司も、この逆質問で覚醒します。いつまでも怒りに任せ、延々と部下に説教をしていたことに、ハッと気づかされるからです。

このように、相手の激情を封ずるための「魔法のセリフ」は非常に便利です。

ここぞ——という時にぜひ繰り出して、相手の怒りを鎮静化してしまいましょう。

**神岡真司**（かみおか しんじ）

ビジネス心理研究家。日本心理パワー研究所主宰。

最新の心理学理論をベースにしたコミュニケーションスキル向上指導に定評がある。

法人対象のコミュニケーショントレーニング、人事開発コンサルティング、セミナー開催などで活躍中。

著書に、『最強の心理学』（すばる舎）、『思い通りに人をあやつる心理テクニック101』（フォレスト出版）、『嫌いなヤツを消す心理術』『口下手・弱気・内向型のあなたのための弱みが強みに変わる逆転の心理学』（ともに清流出版）、監修書に35万部のベストセラーとなった『ヤバい心理学』『もっとヤバい心理学』（ともに日本文芸社）がある。

# 人生を1時間でチート化する対人スキル20

2024年3月31日　初版発行

著　　者　　神岡真司
装　　丁　　小口翔平＋後藤司（tobufune）
本文デザイン・DTP　　石割亜沙子（Isshiki）
校　　正　　東京出版サービスセンター
編　　集　　大井隆義（ワニブックス）
発 行 者　　横内正昭
編 集 人　　内田克弥
発 行 所　　株式会社ワニブックス
〒150-8482
東京都渋谷区恵比寿4-4-9えびす大黒ビル
ワニブックスHP　　http://www.wani.co.jp/
（お問い合わせはメールで受け付けております。
HPより「お問い合わせ」へお進みください）
※内容によりましてはお答えできない場合がございます。
印 刷 所　　株式会社 美松堂
製 本 所　　ナショナル製本

定価はカバーに表示してあります。

落丁本・乱丁本は小社管理部宛にお送りください。送料は小社負担にてお取替えいたします。ただし、古書店等で購入したものに関してはお取替えできません。

ISBN 978-4-8470-7420-2